Norbert Opfermann

Eisenbahn-Nostalgie

Alte Dampfrösser und faszinierende Bahnstrecken

Für Valentina und Christian.

»Die Eisenbahn ist für mich ein Symbol des Lebens: Man sitzt ruhig und bewegt sich doch schnell vorwärts.«

Wolfgang Korruhn, deutscher Journalist (1937-2003)

Bibliografische Information der Deutschen Nationalbibliothek: Die Deutsche Nationalbibliothek verzeichnet diese Publikation in der Deutschen Nationalbibliografie; detaillierte bibliografische Daten sind im Internet über dnb.d-nb.de abrufbar.

vonjournalisten.de – Das Directpublishing-Portal
von Mybestseller B.V.

Autor: Norbert Opfermann M.A., Düsseldorf
Einbandgestaltung: Werner Schramm, Krefeld
Titelfoto: Sonderzug auf der Regiobahn S28 bei Düsseldorf-Gerresheim mit der Dampflok 38 2267, dem »Zugpferd« des Eisenbahnmuseums Bochum (Juni 2016, Norbert Opfermann)
Autorenfoto: Karina Hermsen, Düsseldorf
Korrektorat: Wolfgang Zengerling M.A., Düsseldorf

Herstellung und Verlag:
vonjournalisten.de

ISBN: 9789463181952

Inhalt

Vorwort

Sie dampfen und schnaufen, zischen, brummen, dieseln und pfeifen: Historische Eisenbahnen begeistern Erwachsene und Kinder gleichermaßen. Viele engagierte Eisenbahnfreunde sorgten dafür, dass manche Strecken und viele Fahrzeuge erhalten blieben. Heute laden die Oldtimer der Schiene zu Ausflugsfahrten ein. In diesem Buch stelle ich Museumsbahnen, Bergbahnen und Eisenbahnstrecken in Deutschland, Frankreich, der Schweiz und in den Niederlanden vor.

Ein Werbeslogan der Deutschen Bundesbahn aus dem Jahre 1968 lautete »Unsere Loks gewöhnen sich das Rauchen ab.« Zum Glück haben sich nicht alle Loks das Rauchen abgewöhnt, sondern einige blieben als Museumslok erhalten und machen auf diese Weise der Jugend des 21. Jahrhunderts »die Zeit der Dampfrösser« erlebbar. Aber auch spektakuläre Bergbahnen bringen heute wie früher Touristen mühelos auf den Berg hinauf und lassen den kühnen Pioniergeist ihrer Erbauer erahnen. Ebenfalls die Wuppertaler Schwebebahn, die noch heute einzigartig in der Welt ist. Ich würde mich freuen, wenn die hier beschriebenen Bahnen bald neue Besucher und Fahrgäste begrüßen können.

Stillgelegte Bahntrassen werden als Freizeitpfad für Wanderer und Radler wiederbelebt. Das Wandern und Radfahren auf ihnen und entlang der Bahn wird so zu einem besonderen Erlebnis.

Jetzt wünsche ich Ihnen viel Spaß beim Schmökern und Entdecken der faszinierenden Welt der Eisenbahn.

Norbert Opfermann

Die Brohltalbahn

Mit dem Vulkan-Express vom Mittelrhein in die Eifel

Ursprünglich diente die Brohltalbahn hauptsächlich dem Güterverkehr, heute ist sie ein Tourismusmagnet. 1977 wurde der Personenverkehr als historischer Zug wiederbelebt. In der Eifel gibt es viele erloschene Vulkane, daher der Name »Vulkan-Express« für den Zug. Seit 2015 dampft es wieder auf der meterspurigen Schmalspurbahn. Die restaurierte Mallet-Dampflokomotive macht nun wieder kräftig Dampf auf der landschaftlich reizvollen Strecke von Brohl nach Engeln.

Der Vulkan-Express mit der Dampflokomotive 11sm auf dem Tönissteiner Viadukt.

Zwischen Koblenz und Remagen liegt im Mittelrheintal das Breisiger Ländchen mit der Gemeinde Brohl-Lützing. Bekannt geworden ist der Ortsteil Brohl wegen seines Rheinhafens, wo die Steine und Erden der Osteifel, Tuffstein und Basalt, verschifft wurden. Im 19. Jahrhundert trugen Pferdefuhrwerke die Last des Transports. Als im August 1885 die Rheinische Eisenbahn (linke Rheinstrecke)

Brohl erreichte, wurde der Ruf nach einem Eisenbahnanschluss in die Eifel laut. Im Januar 1896 wurde daher die »Brohlthal-Eisenbahn AG« in Köln gegründet.

Die Bedingungen für den Bahnbau waren schwierig, denn im oberen Teil ist das Tal ausgesprochen steil und eng. Am 14. Januar 1901 konnte der erste Abschnitt zwischen Brohl-Rheinhafen und Engeln in Betrieb genommen werden. Im Januar 1902 war auch die Verlängerung bis zum Endpunkt Kempenich fertiggestellt. Die Bahn überwindet auf der 18 Kilometer langen Strecke von Brohl bis zum heutigen Endbahnhof Engeln einen Höhenunterschied von 398 Metern. Dabei fährt der Zug immer wieder an markanten Vulkankegeln vorbei. Der Abschnitt Engeln–Kempenich wurde im Oktober 1974 stillgelegt und 1976 komplett abgebaut.

Bis 1934 lag auf der Steilstrecke zwischen Oberzissen und Engeln eine Zahnstange. Dieser Abschnitt weist eine Steigung von 1:20 auf einer Länge von 5,5 Kilometern auf. Die maximale Steigung beträgt 50 Promille. Am Bahnhof Brohl gibt es seit 1932 im Umladebahnhof als Besonderheit ein Dreischienengleis als Verbindung zur Normalspur. Einst ermöglichte hier eine Rollbock- beziehungsweise Rollwagengrube die Abgabe oder Übernahme von Normalspurwagen.

Der Personenverkehr auf der Strecke machte von Anfang an nur 25 Prozent des Transports aus. In den 1950er-Jahren entstand der Bahn auf der Straße Konkurrenz – und die Bahngesellschaft schürte selbst die Konkurrenz, indem sie eine eigene Buslinie parallel zur Bahn einrichtete. 1961 wurde daher der Personenverkehr eingestellt. Eisenbahnfans wollten sich damit aber nicht abfinden: Am 25. März 1977 hatte der Vulkan-Express Premiere. Ein Ausflugsverkehr als zusätzliche Einnahmequelle – das erschien angesichts der abnehmenden Gütertransporte für die Bahngesellschaft nicht uninteressant. Als im Jahr 1987 die Stilllegung der Brohltalbahn drohte, fand sich eine Gruppe von Eisenbahnfreuden zusammen und gründete die »Interessengemeinschaft Brohltal-Schmalspureisenbahn e.V.« (IBS). Trotz aller Erfolge und Bemühungen der IBS drohte 1991 die endgültige Stilllegung. Doch die IBS-Aktivisten ließen sich nicht entmutigen und gründeten die Brohltal-Schmalspureisenbahn Betriebs-GmbH. Diese hat ab 1992 die Betriebsführung der Brohltalbahn übernommen. Der Museumsbetrieb ist nur durch den ehrenamtlichen Einsatz der Mitglieder möglich.

Eisenbahnfreunde-Tag im Brohltal

Bilderbuchwetter empfing uns am 5. Juni 2015 zum Eisenbahnfreunde-Tag. Anlässlich der Wiederinbetriebnahme der Dampflokomotive 11sm bot die Brohltalbahn eine Sonderfahrt mit einem Fotozug unter Dampf sowie einen mit einer Diesellok bespannten Regelzug mit dem »Cabrio-Personenwagen« als Open-Air-Erlebnis an. Bei angekündigten 34 Grad Celsius lieferte der Fahrtwind da eine willkommene Erfrischung. Der Sommer hatte lange auf sich warten lassen, dafür kam er jetzt umso mächtiger. Da die IBS neben anderen Fahrzeugen vor einigen Jahren schon den originalen Personenwagen VB50 instand gesetzt hat, ist wieder eine historisch authentische Zugbildung möglich. Weitere Personenwagen für den Museumsbetrieb wurden in den 1980er- und 1990er-Jahren in der Schweiz gebraucht erworben. Das erkennt man an den Fensterbrettchen, auf denen das Streckennetz am Jungfrau-Massiv abgebildet ist.

Nach der Abfahrt des Regelzugs wurde die Dampflok an unseren Zug angekoppelt. Lokführer und Heizer erwarteten heute auf dem Führerstand Temperaturen von 60 bis 70 Grad Celsius Abhitze vom Kessel. Das Programm sah mehrere Fotohalte in den Bahnhöfen und auf der Strecke vor. Das Interesse an dieser einmaligen Sonderfahrt war natürlich groß: 150 Eisenbahnfreunde wollten diese erste Fahrt mit der Dampflok miterleben. Für die Veranstalter sollte es noch schwer werden, diesen Haufen zusammenzuhalten. Denn schließlich wollte jeder den besten Platz für einen Fotoschuss oder eine Filmszene ergattern. Und wie immer gab es welche, die genau vor der Linse standen. Auch ein Kamerateam von SAT1 begleitete den Zug für einen Bericht am selben Abend im Regionalfernsehen.

Die Fotohalte fanden natürlich an den schönsten Streckenhöhepunkten statt. Dazu zählten das Tönissteiner Viadukt mit dem nachfolgendem 95 Meter langen Tönissteiner Tunnel, dem einzigen auf der Strecke. Die Fahrt endete in Oberzissen. Dort gab es eine kurze Mittagspause, die Dampflok setzte um und zügig ging es dann ohne Halt zurück nach Brohl.

Unser Tourleiter Michael Baaden berichtete auf der Rückfahrt von den Anfängen des Museumsbahnbetriebs, die er selbst als Vorstands- und Gründungsmitglied miterlebt hat. »Als die Verrückten vom Brohltal haben sie uns damals bezeichnet«, erzählte Baaden. Und der Landrat habe sie einen »Forderungsverein« genannt. Die IBS holte die Mallet-Lokomotive 1989 aus dem aufgelösten DGEG-Museum Viernheim nach Brohl und erwarb die Lok schließlich 1998 von der Deutschen Gesellschaft für Eisenbahngeschichte (DGEG), die selbst in Bochum-Dahlhausen und Neustadt an der Weinstraße sowie in Würzburg Museen unterhält. Die Restaurierung der Dampflok bei der Firma MALOWA in Klostermansfeld kostete 750.000 Euro. Dafür ist der Verein in Vorleistung getreten; die Summe konnte nur zum Teil durch Spenden erbracht werden.

Ein Personenzug mit Güterbeförderung, bespannt mit den dreiachsigen Diesellokomotiven D1 und D2 am 23. April 2016.

Nur noch wenige Minuten bis zur Abfahrt.

Die Brohltalbahn freut sich über jeden, der den Verein aktiv oder passiv unterstützt. Der IBS alleine ist es zu verdanken, dass man heute noch die Fahrt auf dieser einzigartigen Steilstrecke genießen kann. Der Fortbestand der Brohltalbahn als besonderes technisches und kulturelles Denkmal des 20. Jahrhunderts ist auch künftig nur durch den Einsatz der IBS möglich. So lautet der Leitsatz des Vereins: »Die Brohltalbahn muss täglich neu gerettet werden.«

Die Brohltalbahn transportiert heute noch das vulkanische Gestein Phonolith, das zur Glasherstellung benötigt wird, von Brenk an den Rhein. Der schmalspurige Güterverkehr wird möglichst als gemischter Zug (PmG = Personenzug mit Güterbeförderung) abgewickelt. Dafür kommt die Diesellok D5 zum Einsatz. Sie gleicht der Baureihe 216 der Deutschen Bahn und wurde von der Spanischen Eisenbahn RENFE erworben und umgebaut. Außerdem gibt es noch drei kleinere Diesellokomotiven und den Triebwagen VT30.

@ www.vulkan-express.de

Die Crefelder Eisenbahn

Mit dem Schluff auf den Hülser Berg

Der Schluff – Krefelds historische Dampfeisenbahn – gehört zu den ältesten Privatbahnen in Deutschland. An jedem Sonntag und Feiertag zwischen Mai und September fährt der Schluff von St. Tönis über Krefeld Nordbahnhof zum schönen Naherholungsgebiet Hülser Berg. Der Name »Schluff« erinnert dabei an das zischende Geräusch der Dampflok, das dem einer schlurfenden Pantoffel – auf niederrheinisch »Schluffe« – ähnlich ist.

Die Bahnschranke am Hülser Berg hat noch ein Läutewerk und funktioniert mit Handkurbel.

Die Museumseisenbahn »Schluff« ist bei Eisenbahnfreunden und Ausflüglern gleichermaßen beliebt. Die »Crefelder Eisenbahn« (erst seit 1925 schreibt sich Krefeld mit »K«) wurde im Jahr 1868 gegründet und bediente einst ein ausgedehntes Streckennetz, das von Moers bis nach Viersen reichte. In Viersen-Süchteln gab es eine Zweigbahn nach Grefrath; von Hüls eine Stichbahn über Kempen nach Süchteln-Vorst. Die Bahn in Normalspur diente einerseits dem starken Berufsverkehr aus dem Umland in die Stadt Krefeld, damals Mittelpunkt der deutschen Samt- und Seidenfabrikation; andererseits wurden landwirtschaftliche Produkte und Erzeugnisse der örtlichen Industrie im ehemaligen Kreis Kempen befördert sowie Kohle aus dem Moerser Revier herangeschafft. Die Stadt Krefeld übernahm die Bahn am 1. März 1921, die inzwischen neben dem Kreis Kempen (seit 1929 Kempen-Krefeld) mehr als 90 Prozent der Aktien besaß. Sie vereinigte die Betriebsleitung ab 1933 mit der ihres Stadtverkehrsbetriebs, der Krefelder Verkehrs-AG (KREVAG, heute SWK Mobil).

Seit dem 1. Mai 1980 fährt auf dem verbliebenen 13,6 Kilometer langen Schienenstrang zwischen St. Tönis und dem Hülser Berg die ehemalige Zechendampflok »Graf Bismarck IV«. Sie war ursprünglich in der Zeche Bismarck in Gelsenkirchen im Einsatz. Mittlerweile ist die Lok, Baujahr 1947, ein rollendes Denkmal und ein Wahrzeichen Krefelds. Die Dampflok wurde wegen der Waldbrandgefahr durch Funkenflug extra in eine Öllokomotive umgebaut.

Bahnfahren, Wandern oder Radeln am Hülser Berg

Wir machten uns am Pfingstsonntag 2015 auf zum Bahnhof Crefeld-Nord; vom Hauptbahnhof gelangt man mit der Straßenbahn gut zum Nordbahnhof. Sehenswert ist die schmucke Bahnsteigüberdachung mit einem gusseisernen Bahnsteigaufseher; auf einem Nebengleis stehen Salonwagen.

An jedem Sonntag von Mai bis September fahren Hunderte von Fahrgästen mit dem Schluff von St. Tönis über den Nordbahnhof zum Naherholungsgebiet Hülser Berg. Fahrräder finden in einem Packwagen Platz. Der Zug kündigte sich schon von weitem mit seiner weißen Rauchfahne an. Mit kreischenden Bremsen hielt er im Bahnhof. Nachdem auch das letzte Fahrrad verstaut war, fuhr der Zug ruckelnd an und »schluffte« Richtung Hüls.

Erst ging es an Gärten und Hinterhöfen vorbei, dann an Feldern mit Blumenkohl, Windrädern und Brombeerbüschen entlang. »Da haben Sie sich für heute ja was vorgenommen«, meinte der Schaffner, weil wir nur eine einfache Fahrt lösten. Denn, wir wollten ja zurückwandern. Dass dies ein gutes Stück Wegs ist, wussten wir.

Schließlich ging es in den Wald und nach einer guten halben Stunde Fahrt erreichte der Zug das Erholungsgebiet Hülser Berg. Mit 63 Metern Höhe hat der Hülser Berg für den Niederrhein schon eine ansehnliche Höhe. Der Hülser Berg entstand als Teil des Niederrheinischen Höhenzuges während der Saale-Eiszeit vor etwa 150.000 Jahren. Die skandinavischen Gletscher schoben Geröll vor sich her, das nach dem Abtauen des Eises in Form einer Stauchendmoräne zurückblieb.

Zwei Äste auf den Schienen hätten fast den Zug gestoppt.

Fast hätten zwei abgerissene Äste kurz vor dem Endbahnhof Hülser Berg unseren Zug gestoppt. Drei starken Männern gelang es, die Strecke vor dem herannahenden Dampfzug rechtzeitig zu räumen. Das Umsetzen der Lok hat immer zahlreiche Zuschauer. Nachdem wir der Lok beim Wechsel ans andere Zugende zugesehen hatten, folgten wir dem Wegweiser zur Anhöhe. Es ging leicht bergauf. Schnell überholten wir die anderen Ausflügler. An der »Bergschänke« nahmen wir den Weg links und erreichten einen Aussichtsturm (29 Meter hoch, 163 Stufen). Von rechts herüber tönte das Quieken und Grunzen der Wildschweine im Wildgehege. Wir hielten uns links. Nach anderthalb Stunden erreichten wir das Restaurant »Krefelder Sprudel«, eine ehemalige Sprudelquelle. Die Mineralwasserquelle versiegte aber schon bald. Nach etwa zehn Kilometern und gut drei Stunden Wanderung kam der Nordbahnhof wieder in Sicht.

@ www.swk.de/freizeit-schluff/fahren-mit-dem-schluff.html

Die Hespertalbahn

Die Museumsbahn am Essener Baldeneysee

Auf der rund drei Kilometer langen Strecke vom alten Bahnhof Kupferdreh zum Haus Scheppen wurden früher Kohle, Kalk und Erz transportiert. Als Schmalspurbahn mit Pferdebetrieb erschloss sie ab 1857 Erzgruben im Raum Velbert, ab 1877 die Zeche Pörtingssiepen auf Normalspur. Die Förderung auf Pörtingssiepen wurde am 30. Dezember 1972 eingestellt, die Zechengebäude über Tage wurden in den 1980er-Jahren komplett abgebrochen. Bereits im Juni 1975 rettete der Verein zur Erhaltung der Hespertalbahn die Strecke und betreibt sie seitdem als Museumsbahn.

An bestimmten Fahrtagen gibt es wie hier am 1. Mai 2014 auf der Hespertalbahn Dampfbetrieb.

Die Fahrt beginnt am alten Bahnhof Kupferdreh, in dem sich heute ein Restaurant befindet. Das alte Empfangsgebäude aus dem Jahre 1898 wurde liebevoll restauriert. Hier kann man den Ausflug zur Hespertalbahn und zum Baldeneysee mit einem Brunch beginnen oder gemütlich ausklingen lassen. Gleich nebenan liegt der Bahnsteig der Hespertalbahn. An bestimmten Fahrtagen gibt es hier Dampfbetrieb. Die Personenwagen sind urig und demokratisch, denn hier fahren alle Holzklasse. Ruckelnd setzt sich der Zug in Bewegung – Eisenbahnnostalgie pur! Nach kurzer Fahrt erreicht der Museumszug den Bahnhof Zementfabrik; von dem Industriekomplex ist jedoch nur noch eine Brachfläche übriggeblieben. Früher war hier der Übergabebahnhof zur Bundesbahn. Bis 2014 waren hier noch die Museumsfahrzeuge der Hespertalbahn abgestellt. Mit dem Bau eines Lokschuppens an der Sporthalle Kupferdreh wurden auch die Abstellgleise an diesen neuen Standort verlagert.

Die Höchstgeschwindigkeit der Bahn beträgt schlappe 15 Stundenkilometer. So ist die Fahrt, die weiter am Baldeneysee entlangführt, recht beschaulich. Für Radfahrer und Skater, die bei schönem Wetter zahlreich zum Baldeneysee strömen, ist es ein Leichtes, den Zug abzuhängen. Doch wir haben keine Eile und genießen die Fahrt. In Fahrtrichtung rechts liegt der Baldeneysee, links lässt sich ein ehemaliger Steinbruch erahnen.

Eine Zeche als Drehort für einen Tatort-Krimi

Kurz vor dem Endpunkt Haus Scheppen wird die Sicht auf den See durch die Abraumhalde der 1972 stillgelegten Zeche Pörtingssiepen unterbrochen. Dort befand sich bis 1978 eine Abzweigstelle, von der über den Haltepunkt Margrefstraße das Zechengelände Pörtingssiepen umfahren und der Endpunkt Hesperbrück an der Hammer Straße direkt erreicht werden konnte. Dies war übrigens der ursprüngliche Streckenverlauf. Der direkte Weg zur Zeche über den heutigen Endbahnhof Haus Scheppen wurde erst 1937 errichtet. Von 1927 bis zur Schließung der Zeche Pörtingssiepen 1973 wurde ein nicht öffentlicher Personenverkehr für die Bergleute durchgeführt.

Der Endbahnhof liegt idyllisch im Wald; und man kann heute kaum noch erahnen, dass es hinter dem Prellbock einmal weiterging und die Strecke über eine Brücke die Zeche Pörtingssiepen erreichte. Auch vom Zechengelände selbst ist nichts mehr zu erkennen, einzig eine Seilscheibe des Förderturms ist als Denkmal geblieben. Anfang der 1970er-Jahre habe ich die stillgelegten Gebäude des Bergwerks noch selbst gesehen. Eine gespenstische Ruhe strahlte diese Industriebrache aus, allerdings immer noch beeindruckend. Vielleicht war das der Grund, dass die Ruinen 1975 den Drehort für eine Folge der Sendereihe »Tatort« mit dem Titel »Fortuna III« mit Hans-Jörg Felmy als Essener Kommissar Haferkamp bildeten. Ab 1981 erfolgte der Abbruch der Anlagen. Am 24. Juni 1982 wurde der 1958 errichtete Förderturm über Schacht 2 gesprengt. Das Gelände der Zeche Pörtingssiepen ist heute komplett begrünt und Teil eines Rundwanderwegs.

Für den Rückweg bieten sich mehrere Alternativen an: mit der Bahn, zu Fuß oder mit den Schiffen der Weißen Flotte auf dem Baldeneysee. Mit Kombifahrscheinen besteht die Möglichkeit, Bahn- und Schifffahrt zu verbinden. Bootsanleger gibt es sowohl am Bahnhof Zementwerk als auch am Endbahnhof Haus Scheppen. Haus Scheppen ist ein beliebtes Ausflugsziel für Biker. An schönen Tagen finden sich hier zahlreiche Motorradfahrer mit ihren Maschinen ein.

Ein engagierter Verein

Die Hespertalbahn wird heute vom Verein »Hespertalbahn e.V.« betrieben, der 1975 von Eisenbahnfreunden als »Verein zur Erhaltung der Hespertalbahn e.V.« gegründet und im Jahr 2008 umbenannt wurde. Der Verein hat zurzeit rund 130 Mitglieder von denen etwa ein Viertel aktiv beim Erhalt und Betrieb der Hespertalbahn mitarbeiten. Alle Mitarbeiter arbeiten rein ehrenamtlich für die Hespertalbahn: vom Schüler bis zum Rentner sind alle Altersgruppen vertreten. Das Spektrum der Berufe reicht vom Arzt über Feuerwehrmann und Gewerkschaftssekretär bis hin zu Diplom-Chemikern und Berufskraftfahrern. Aber natürlich sind auch klassische Eisenbahnberufe wie Lokführer und Lokschlosser vertreten.

Der Fahrzeugpark umfasst zwei Dampflokomotiven und drei Dieselloks. Die Personenwagen kommen von der Westfälischen Landes-Eisenbahn, ein Wagen aus dem Jahre 1910 stammt original von der Zeche Pörtingssiepen, ein Personenwagen von 1916 fuhr ehemals für die österreichischen Eisenbahnen.

@ www.hespertalbahn.de

Die Ruhrtalbahn

Im Nostalgiezug an der Ruhr entlang

Seit dem 28. März 2005 fährt die Ruhrtalbahn zwischen dem Eisenbahnmuseum Bochum und Hagen Hbf auf der mittleren Ruhrtalbahn einen nostalgischen Linienverkehr. Die Museumsbahn ist im wahrsten Sinne des Wortes eine »Vermarktungslokomotive« für den Ausflugstourismus im Ruhrtal.

Die Lokomotive 38 2267 (eine preußische P8) am Haltepunkt Haus Kemnade.

Mit dem Dampfzug und der Lokomotive 38 2267 (Baujahr 1918) – der »preußischen P8« – und den nostalgischen Reisezugwagen, die zwischen 1903 und den 1950er-Jahren gebaut wurden, kommt ein ganz besonderer Personenzug zum Einsatz: Denn hier gibt es Wagen von der 1. bis zur 4. Klasse. Auf den offenen Plattformen einiger Wagen kann man sich sogar den Fahrtwind um die Nase wehen lassen. Im Barwagen gibt es heiße und kalte Getränke sowie kleine Imbisse.

Der nostalgische Zug allein übt schon einen besonderen Reiz aus – in Kombination mit den Ausblicken, die das Ruhrtal zu bieten hat, wird der Ausflug zu einem echten Kultur- und Natur-Erlebnis. Die 37 Streckenkilometer zwischen Bochum und Hagen zeigen die Region in all ihren Facetten: rustikale Industriekultur, Strukturwandel und historische Gemäuer säumen die überwiegend grüne Route, die von Eisenbahnfans zu einer der romantischsten Bahnstrecken der Welt gewählt wurde: Zuschauer der Sendung »Eisenbahn-Romantik« wählten die Bahn auf Platz 16 der weltweit romantischsten Zugstrecken der Welt. Daher kann man die Ruhrtalbahn in einem Atemzug mit dem Orient-Express und der Transsibirischen Eisenbahn nennen. Kein Wunder: Neben dem Eisenbahnmuseum in Bochum-Dahlhausen, den Industriemuseen Zeche Nachtigall und Henrichshütte sowie dem Museum für Ur- und Frühgeschichte in Hagen-Vorhalle ist vor allem die wunderschöne Landschaft mit vielen ausgeschilderten Wander- und Radwegen »Naherholung pur«. So lässt sich die Bahnfahrt ausgezeichnet mit einer Radtour oder einer Wanderung verbinden.

Der Dampfzug fährt von Mai bis Oktober immer am ersten Sonntag im Monat. Sonst fährt freitags und sonntags ein nostalgischer Schienenbus. Dazu gibt es zusätzlich Sonderfahrten: Bei der KombiTour führt die Fahrt vom S-Bahnhof Bochum-Dahlhausen mit dem nostalgischen Schienenbus bis zur Station Zeche Nachtigall. Dort wird auf ein Schiff umgestiegen und nach einer zweistündigen Rundfahrt auf der Ruhr wird anschließend noch das Industriemuseum »Zeche Nachtigall« besucht. Im Fahrpreis inbegriffen ist ein Mittagessen an Bord des Schiffes.

Die Fahrt mit dem Dampfzug lässt sich ebenfalls an der Station Zeche Nachtigall unterbrechen. Von dort sind es nur etwa zehn Minuten Fußweg zum Industriemuseum, direkt um die Ecke liegt das »Gruben- und Feldbahnmuseum Zeche Theresia«. Man kann den Weg auch mit der Feldbahn »Muttenthalbahn« zurücklegen.

Kohle und Stahl waren Treiber für den Eisenbahnbau

Die Ruhrtalbahn verlief ursprünglich von Düsseldorf-Rath über Essen-Kupferdreh, Bochum-Dahlhausen, Witten-Herbede, Hagen-Vorhalle und Schwerte nach Warburg. Sie wurde 1870 bis 1876 von der privaten Bergisch-Märkischen Eisenbahn-Gesellschaft errichtet. Der Streckenverlauf zeigt gut, dass Flusstäler wegen ihrer in der Regel gleichmäßigen Steigung seinerzeit für die Anlage von Eisenbahnstrecken besonders gut geeignet waren.

Die Ruhrtalbahn diente in erster Linie dem Kohletransport zum Hafen (Duisburg-) Ruhrort unter Umgehung des Heißener Berges in Mülheim. Anschlussbahnen sorgten hier für ein hohes Verkehrsaufkommen in der Blütezeit des Steinkohlenbergbaus an der Ruhr und der Stahlerzeugung auf der Henrichshütte in Hattingen.

Neben der Ruhrtalbahn, die in ihrem westlichsten Abschnitt von Kettwig bis Düsseldorf nicht an der Ruhr entlangführt, existierte noch als Stichbahn die »Untere Ruhrtalbahn« von Kettwig entlang der Ruhr nach Mülheim-Styrum, die aber bis 1978 stillgelegt und danach abgebaut wurde. Mit ihren Anschlüssen nach Mitteldeutschland über Holzminden und Kassel gehörte die Ruhrtalbahn zu den bedeutendsten Strecken der Bergisch-Märkischen Eisenbahngesellschaft.

Traditionell wurde die Ruhr bereits vorher stark für den Schiffsverkehr genutzt. Aus historischer Sicht ist die Schiffbarmachung der Ruhr ein entscheidender Schritt in der Entwicklung des Güterverkehrs in Westfalen. Die Ruhrschifffahrt setzte etwa in den frühen 1760er-Jahren ein und endete als reguläre Schifffahrt um 1890. Besonders gefördert wurde die Ruhrschifffahrt, um den Transport von Salz aus den Salinen in Unna-Königsborn zu vereinfachen. Das Salz wurde auf dem Landweg nach Herbede gefahren und von hier aus verschifft, allerdings wurde dann doch die Kohle zum meist beförderten Gut auf der Ruhr. In den Jahren 1776 bis 1780 gelang es König Friedrich II. von Preußen trotz zahlreicher Schwierigkeiten mit den anliegenden Kleinstaaten, die Ruhr durch Anlage von Schleusen zwischen Langschede südlich von Unna und der Mündung bei Ruhrort in den Rhein durchgehend schiffbar zu machen.

@ www.ruhrtalbahn.de

Die Niederbergbahn

Radeln und Wandern von Essen-Kettwig nach Wülfrath

Zahlreiche Brücken machten seinerzeit die hügelige Landschaft des Bergischen Landes überhaupt erst mit Eisenbahnen befahrbar. Jetzt begeistern sie auf dem ehemaligen Bahndamm der Niederbergbahn mit imposanten Panorama-Aussichten: etwa die denkmalgeschützten Viadukte über die Ruhrstraße in Heiligenhaus und über den Eulenbach in Velbert, oder die Brücke in Heiligenhaus, die aus einem alten Eisenbahnwaggon besteht.

Ein Dampf-Sonderzug auf der Saubrücke in Velbert am 10. März 1973.

Der *PanoramaRadweg niederbergbahn* wurde am 16. Juli 2011 eröffnet. Die Niederbergbahn verband die Städte Wülfrath, Velbert, Heiligenhaus und Kettwig miteinander. Die eingleisige Bahntrasse wurde zwischen 1888 und 1926 (mit mehreren Unterbrechungen) errichtet und sollte eine bessere Anbindung von Heiligenhaus und Velbert sicherstellen. Zunächst wurde 1888 eine eingleisige Strecke von Oberdüssel über Wülfrath nach Velbert-Süd gebaut.

Der weitere Ausbau über Heiligenhaus nach Kettwig war lange Zeit strittig und die Finanzierung unklar. Im Oktober 1899 nahm eine Schmalspurbahn von Velbert über Heiligenhaus nach Hösel ihren Betrieb auf, die den Anforderungen jedoch nicht genügte. Bedingt durch die ungünstige Topografie und die schon gute Erschließung des Umlandes durch die Ruhrtalbahn im Westen, die Angertalbahn im Süden und die Prinz-Wilhelm-Bahn im Osten wurde die Bedeutung für eine überregionale Bahnstrecke von Anfang an gering eingeschätzt. Die Bemühungen, eine Eisenbahnanbindung politisch doch noch durchzusetzen waren schließlich 1912 erfolgreich. Der Erste Weltkrieg brachte dann 1916 einen Baustopp.

Es folgte ein jahrelanger politischer Kampf um den Weiterbau der Teilstrecke Heiligenhaus–Kettwig. Die Bahnstrecke zwischen Heiligenhaus und Velbert wurde am 15. Februar 1924 für den Güterverkehr und am 31. März 1925 für den Personenverkehr in Betrieb genommen. 1926 konnte die gesamte Strecke endlich eröffnet werden. Auf dem Gebiet der Stadt Heiligenhaus hat die Bahntrasse eine Länge von etwa 7,5 Kilometern. Wegen Unrentabilität wurde der Personenzugverkehr jedoch bereits im Jahr 1960 wieder eingestellt. Die Gleise zwischen dem Bahnhof Heiligenhaus und Essen-Kettwig wurden damals wieder entfernt. 1979 wurde der 3,5 Kilometer lange Streckenabschnitt zwischen Oberdüssel und Wülfrath stillgelegt. Der weitere Güterverkehr aus Richtung Velbert und Heiligenhaus wurde seitdem über die Angertalbahn nach Ratingen abgewickelt. Ende 1995 wurde der Güterverkehr zwischen Velbert und Heiligenhaus eingestellt und der Streckenabschnitt offiziell stillgelegt, 1999 auch der Rest der Strecke zwischen Wülfrath und Velbert.

Wiederbelebung der Trasse als Panorama-Radweg

Weite Teile der ehemaligen Trasse fielen in einen Dornröschenschlaf. Nur Teilstrecken wurden in den 1980er-Jahren als Spazier- und Wanderweg freigegeben. Während kleinere Brücken durchaus bewandert werden konnten, wurden die großen Viadukte mit Zäunen gesichert und trotzten über Jahrzehnte hinweg den Unbilden der Witterung und dem Bewuchs mit Pflanzen, Büschen und Bäumen. Immer wieder gab es Überlegungen, die Bahntrasse zu reaktivieren – doch viele Vorhaben scheiterten an den zu erwartenden hohen Investitionskosten. Zudem schien eine eingleisige Strecke nicht wirtschaftlich genug zu sein.

Sonderzug mit Diesel- und E-Lok-Bespannung im Bahnhof Wülfrath am 9. August 1980.

Während nach umfangreichen Sanierungsarbeiten die beiden denkmalgeschützten Viadukte über der Ruhrstraße eine atemberaubende Aussicht bieten, verblüfft die moderne Waggonbrücke über die Bahnhofstraße mit der pfiffigen Idee, einen alten Rungenwaggon als Brücke zu nutzen. Die Waggonbrücke wurde im Sommer 2009 eingehoben und steht auf richtigen Schienen. Viele Besucher kommen von weit her, um diese Brücke zu sehen, weil sie bisher einmalig in Deutschland ist.

Eine pfiffige Idee: Ein Waggon als Brücke.

Der *PanoramaRadweg niederbergbahn* bildet ein Bindeglied zwischen dem Ruhrtalradweg in Essen-Kettwig und der Korkenziehertrasse in Solingen. Überregional ist der *PanoramaRadweg niederbergbahn* damit eine Teilstrecke des insgesamt 300 Kilometer langen *Bergischen Panorama-Radwegenetzes*. Sport- und Freizeitbegeisterte können hier von Essen bis nach Olpe im Sauerland durchradeln.

@ www.panoramaradweg-niederbergbahn.de

Die Wuppertaler Schwebebahn

Hoch über der Wupper durchs Tal

Die Schwebebahn ist seit über 100 Jahren das Wahrzeichen Wuppertals. Die einzigartige Einschienenhängebahn war gemäß Preußischem Kleinbahngesetz als nebenbahnähnliche Kleinbahn klassifiziert und somit verkehrsrechtlich betrachtet eine Eisenbahn. 1943 wurde die Konzession in die einer Straßenbahn abgeändert. Jetzt gilt sie ähnlich einer U-Bahn als Straßenbahn besonderer Bauart.

Ein ganz besonderer Oldtimer: Der historische Kaiserwagen.

Ende des 19. Jahrhunderts war in den Städten Barmen und Elberfeld der Bedarf für den Bau eines zusätzlichen Verkehrsmittels in der Talsohle erkannt worden. Das bestehende Straßenbahnnetz stieß angesichts der wachsenden Beförderungszahlen durch den Bevölkerungszuwachs in der blühenden Industrieregion an seine Grenzen. Als Lösung der Verkehrsprobleme im engen, dicht bebauten Tal der Wupper dachte man zunächst an ein Hochbahnsystem nach dem

Vorbild der Hamburger oder Berliner Hochbahn, das auf im Fluss gegründeten Stützen stehen sollte. Während andere Städte um diese Zeit U-Bahnen bauten, schied diese Variante aufgrund der geologischen Verhältnisse im Tal der Wupper aus. Der Untergrund ist sehr felsig und enthält viel Grundwasser.

Der Kölner Ingenieur Eugen Langen beschäftigte sich in diesen Jahren mit dem Projekt einer Schwebebahn. Er hatte auf seinem Fabrikgelände schon zuvor mit hängenden Einschienenbahnsystemen experimentiert. Zunächst nur als Transportsystem für seine Produktion gedacht, erkannte er die Einsatzmöglichkeiten des Systems für Lasten- und Personentransporte in unwegsamen Gegenden.

Am 28. Dezember 1894 stimmten die Stadtverordneten-Versammlungen Barmens und Elberfelds für das Schwebebahnprojekt »System Langen«. Die technisch eigentlich nicht korrekte Bezeichnung »Schwebebahn« stammt von Langen selbst: »Ein System der hängenden Wagen. Ich habe das Ding ›Schwebebahn‹ getauft.«

Im Sommer 1898 begann der Bau, der zügig voranschritt. Für den Bau wählte man vorgefertigte Brückenelemente und Stützen, die zu einem Fahrweg zusammengenietet wurden. Am 5. Dezember 1898 fand die erste Probefahrt statt, die zweite folgte am 4. März 1899. Am 24. Oktober 1900 fuhr Kaiser Wilhelm II. mit seiner Gemahlin Auguste Viktoria und seinem Gefolge von Döppersberg (Elberfeld-Mitte) bis Vohwinkel.

Am 1. März 1901 konnte die Strecke Kluse–Zoo für den öffentlichen Fahrgastverkehr freigegeben werden. Dies ist auch das Datum der offiziellen Betriebseröffnung. Am 24. Mai 1901 folgte die Freigabe für den Streckenabschnitt Zoo–Vohwinkel. Am 27. Juni 1903 wurde auch die restliche Strecke Kluse–Rittershausen (heute: Oberbarmen) freigegeben. 19.200 Tonnen Eisen waren insgesamt verarbeitet worden. Die gesamte Strecke wies 472 Eisenstützen auf. Die Baukosten betrugen rund 16 Millionen Goldmark.

Die Schwebebahn wurde bald zum Lieblingskind der Wuppertaler und Touristen-Attraktion Nummer Eins. 1925 beförderte die Schwebebahn bereits fast 20 Millionen Fahrgäste. 1943 und 1945 wurde die Schwebebahn bei Luftangriffen schwer getroffen. Überlegungen, das schwer zerstörte Schwebebahngerüst abzureißen, wurden Gottseidank schnell verworfen. Erst Ostern 1946 gab es wieder einen kompletten Schwebebahn-Rundverkehr.

Ein Elefant namens Tuffi

Am 21. Juli 1950 sprang der junge Elefant Tuffi während einer Werbefahrt für den Zirkus Althoff aus dem fahrenden Schwebebahnzug in die Wupper. Erst nach einigen Schwierigkeiten mit den Behörden hatte Zirkusdirektor Franz Althoff damals mit einer Fahrt in der Schwebebahn für sein Wuppertaler Gastspiel werben dürfen. Die junge Elefantenkuh bestieg um 10:30 Uhr den Schwebebahnwagen Nummer 13 in der Station Alter Markt in Wuppertal-Barmen für eine Fahrt in Richtung Wuppertal-Elberfeld. Fünf Fahrkarten zweiter Klasse wurden dafür gelöst, vier für das Zirkustier und eine für Franz Althoff. Tuffi war jedoch nervös und rannte kurz nach der Abfahrt wild trompetend durch den Triebwagen. Wie der damals zwölfjährige Harry Althoff in der ZDF-Fernsehsendung »Unsere Besten – Die Lieblingsorte der Deutschen« im September 2006 erzählte, durchbrach Tuffi im zweiten Versuch ein Fenster und sprang etwa zehn Meter hinunter in die Wupper, die an dieser Stelle keine 50 Zentimeter tief ist. Tuffi erlitt nur ein paar Schrammen am Hinterteil und blieb ansonsten unverletzt. Im Wagen war jedoch Panik ausgebrochen, und es gab einige Verletzte. Althoff und der verantwortliche Leiter der Verkehrsabteilung der Wuppertaler Stadtwerke, der die Fahrt genehmigt hatte, wurden in einem Gerichtsverfahren wegen »fahrlässiger Transportgefährdung und fahrlässiger Körperverletzung« zu einer Geldstrafe von 450 DM verurteilt. Die Schwebebahn sei als Transportmittel für Elefanten ungeeignet, so lautete das Urteil des Gerichts.

Die Unglücksstelle zwischen den Stationen *Alter Markt* und *Adlerbrücke* in Wuppertal ist bis heute durch einen gemalten Elefanten auf der Hauswand markiert. Obwohl der Zug mit Journalisten besetzt war, hatte aus Panik niemand den entscheidenden Moment fotografiert. Das bekannte Postkartenmotiv mit dem fallenden Elefanten ist tatsächlich eine Fotomontage!

Sanierung unter Denkmalschutz und ein folgenschwerer Unfall

In den Jahren 1972 bis 1975 wurden neue Wagen beschafft, bestehend aus 28 dreiteiligen Gelenkwagen. Alle Wagen der ersten Generation wurden daraufhin abgestellt und verschrottet, lediglich der Kaiserwagen nebst Beiwagen blieben der Nachwelt als Museumszug erhalten. Ganzjährig ist das historische Gespann zu Kaffeefahrten und Frühschoppenfahrten unterwegs. Die Touren dauern rund eine Stunde. Hostessen in historischen Kostümen begleiten die Rundfahrten und geben einen spannenden Einblick in die Stadtgeschichte.

Bild oben: Schwebebahnzug der zweiten Generation am Bahnhof Landgericht.
Unten: Macht eine gute Figur: Die neue Generation der Schwebebahnwagen.

Von 1994 bis 2014 wurde das denkmalgeschützte Schwebebahngerüst nahezu orginalgetreu bis zur Nachbildung der Nieten erneuert. Ab November 1997 wurde im Zuge der Renovierungsarbeiten zum 100-jährigen Jubiläum der Schwebebahn im Jahr 2001 jeweils an Wochenenden die gesamte Tragkonstruktion komplett ausgetauscht. Die Sanierung bei laufendem Betrieb führte am 12. April 1999 zum einzigen Schwebebahn-Unglück, bei dem Tote zu beklagen waren: Um 5:45 Uhr stürzte der erste morgendliche Schwebebahnzug Triebwagen Nummer 4 vor dem Bahnhof Robert-Daum-Platz wegen einer bei den Bauarbeiten am Fahrgleis vergessenen Kralle in die Wupper. Fünf Fahrgäste starben, 47 wurden zum Teil schwer verletzt. Die Schwebebahn verlor damit den Mythos des »sichersten Verkehrsmittels der Welt«. Eine den Unfall verhindernde Probefahrt vor dem ersten Fahrgastzug hatte nicht stattgefunden und war auch nicht gesetzlich vorgeschrieben. Erst nach dem Unglück wurden Probefahrten nach den Arbeiten durchgeführt.

Die neue Schwebebahn-Generation

Am 14. November 2015 wurde der erste neue Wagen der künftigen »Generation 15« im Rahmen eines großen Bürgerfestes in Wuppertal-Vohwinkel der Öffentlichkeit vorgestellt. Die neuen Wagen sind optisch moderner und bieten verbesserten Fahrgastkomfort. So sind die Sitze erstmals gepolstert und der Gang in der Fahrzeugmitte ist breiter. Ebenfalls neu ist der sogenannte Multifunktionsbereich an beiden Fahrzeugenden. Er bietet mehr Raum für Kinderwagen und Rollstühle. Insgesamt gibt es in den neuen Wagen 45 Sitz- und 96 Stehplätze. Im Fond gibt es ein großes Panoramafenster, das fast bis zum Boden reicht. Vom Heck des Fahrzeugs können Fahrgäste und Touristen so einen ungehinderten Ausblick auf Wupper und Stadt genießen. Ein weiteres charakteristisches äußeres Merkmal der neuen Bahnen ist die leicht nach unten geneigte Frontpartie. Sie gibt den Zügen nicht nur eine »schnittige« Anmutung, sondern hat auch einen praktischen Nutzen: Der Fahrer erhält eine bessere Sicht, Blendeffekte werden reduziert. Die Montage der Fahrzeuge erfolgt im spanischen Valencia, bei einem Tochterunternehmen des Konzerns Vossloh Kiepe Deutschland.

Die Nordbahntrasse

Von der Rheinischen Bahnstrecke zum touristischen Erlebnispfad

Die im Jahr 1879 eröffnete, insgesamt 73 Kilometer lange Rheinische Bahnstrecke von Düsseldorf über Wuppertal bis Dortmund-Hörde wurde im September 1991 für den Personenverkehr und im Dezember 1999 auch für den Gütertransport stillgelegt. Im Februar 2006 wurde der Verein Wuppertalbewegung e.V. gegründet, der sich für die Umwandlung der Bahntrasse in einen Geh-, Rad- und Freizeitweg einsetzte. Am 19. Dezember 2014 wurde der gesamte Weg von Vohwinkel bis Schee offiziell eröffnet und ist seit Fertigstellung der Brücke Bracken im April 2015 durchgehend nutzbar.

Ein Akku-Triebwagenzug auf dem Steinweg-Viadukt am 19. April 1985.

Die Strecke wurde von der Rheinischen Eisenbahn-Gesellschaft ab 1873 als Konkurrenzstrecke zur Stammstrecke Elberfeld–Dortmund der Bergisch-Märkischen Eisenbahn-Gesellschaft gebaut. Da diese die Trasse im Tal der

Wupper belegt hatte, wurde die neue Strecke über Mettmann, den Wuppertaler Norden, Schwelm, Gevelsberg, den Hagener Westen und Herdecke geführt.

Wirtschaftlich konnte sie trotz günstigerer Steigungsverhältnisse in den Folgejahren aber mit der zentraler gelegenen Hauptstrecke der Bergisch-Märkischen Eisenbahn nicht mithalten. Die Steilrampe Erkrath–Hochdahl auf der konkurrierenden Strecke der Bergisch-Märkischen konnte zur Zeit der Eröffnung der Bahnlinie nach Elberfeld im Jahre 1841 nur mit Hilfe einer Seilzuganlage überwunden werden. Die Steilrampe hat von Erkrath nach Hochdahl eine Steigung von 33,3 Promille (das heißt 33,3 Höhenmeter auf 1000 Meter Strecke) und überwindet dabei einen Höhenunterschied von 82 Metern auf etwa 2,5 Kilometern Länge. Sie zählt damit auch heute noch zu den steilsten Hauptstreckenabschnitten in ganz Deutschland.

Erst 1926 wurde der Seilzugbetrieb durch den Einsatz von neuen, leistungsstarken Dampflokomotiven überflüssig. Stattdessen wurden ab Erkrath bis zu zwei Schiebeloks und bei schweren Güterzügen Vorspannloks angekoppelt, so dass bis zu vier Lokomotiven mit Anlauf einen Zug den Berg hinaufbeförderten.

Seit der Elektrifizierung der Steilstrecke im Jahre 1963 schaffen es die Züge ohne weitere Hilfe den Berg hinauf. Die Rheinische Eisenbahnstrecke fristete dagegen im Schatten des Konkurrenten ein Mauerblümchendasein. Nach der Verstaatlichung 1880 diente die Wuppertaler Nordbahn nur noch einem bescheidenen regionalen Personenverkehr und als Entlastungs- und Umleitungsstrecke der Stammstrecke. Zuletzt wurde die Strecke von Akkumulatortriebwagen der Baureihe 515/815 befahren. Die Baureihenbezeichnung 515 steht für die Triebwagen, die 815 für die Steuerwagen. Die Fahrzeuge hatten die Spitznamen »Akkublitz«, »Säurebomber«, »Steckdosen-InterCity«, »Taschenlampen-Express« oder wegen des typischen Heulens der Gleichstrommotoren »Biene Maja«.

1998 übernahm die Regiobahn GmbH den Abschnitt Düsseldorf-Gerresheim–Dornap-Hahnenfurth von der Deutschen Bahn. Die Strecke wird heute von Düsseldorf bis Mettmann-Stadtwald durch die Regiobahn als S28 der S-Bahn Rhein-Ruhr im Personenverkehr beziehungsweise bis Dornap-Hahnenfurth für Güterzüge zu den dortigen Kalkwerken Oetelshofen genutzt. Bis 2017 ist eine Verlängerung der S28 nach Wuppertal geplant, allerdings nicht auf der Nordbahntrasse, sondern auf einer neuen Trasse von Dornap-Hahnenfurth über Wülfrath-Düssel zur bestehenden S9 in Höhe des ehemaligen Bahnhofs Aprath. Die Nordbahntrasse ist zwar so ausgelegt, dass man bei späterem Bedarf durchaus dort wieder Schienen verlegen könnte. Für den Norden Wuppertals wäre dies ein zusätzliches attraktives Nahverkehrsangebot, indessen wird die Verwirklichung aber wohl angesichts der Kosten für Neubau und Betrieb bis auf Weiteres ein Zukunftstraum bleiben.

Oben: Ein Akkutriebwagenzug im Bahnhof Wuppertal-Mirke am 19. April 1985.
Unten: Zum Sommerfest am 12. Juni 2016 veranstaltete die Regiobahn mit der 38 2267 Sonderzugfahrten auf dem Streckenabschnitt zwischen Düsseldorf und Mettmann.

Sightseeing über und unter Wuppertal

Von West nach Ost erstreckt sich die Nordbahntrasse über 23 Kilometer quer durch das Tal der Wupper. Diese Länge der Nordbahntrasse ergibt sich unter Hinzurechnung der Kohlenbahn nach Hattingen bis zum Tunnel Schee. Innerorts verbindet die ehemalige Rheinische Eisenbahn die Ballungszentren Vohwinkels, Elberfelds und Barmens über 11,8 Kilometer miteinander. Die Geländeverhältnisse erforderten vielfältige Kunstbauwerke: sieben Tunnel (der längste ist mit 722 Metern der Schee-Tunnel), vier große Viadukte (bis zu 280 Meter lang und 20 Meter hoch), 19 Brücken sowie über 220 Stützbauwerke. Von Gevelsberg bis Hagen wird die Strecke heute von der S8 befahren.

Der Verein Wuppertalbewegung setzte sich für den Erhalt der Trasse als Rad- und Wanderweg ein. Mit dem Wegebau wurde im Frühsommer 2010 begonnen. Die Eröffnung der ersten 1,6 Kilometer fand am 5. Juni 2010 statt. Der Fuß- und Radweg wurde am 19. Dezember 2014 offiziell für die Öffentlichkeit freigegeben und heißt jetzt Dr.-Werner-Jackstädt-Weg nach dem Gründer der Jackstädt-Stiftung, die eine Million Euro für den Umbau gespendet hat. Eine kleine Interessengemeinschaft versuchte zugleich erfolglos, das Gleis zwischen Wuppertal-Vohwinkel und Wuppertal-Heubruch für eine Draisinenstrecke zu erhalten. Stattdessen blieb ein Industriegleis ab dem Bahnhof Loh für Draisinen bestehen.

Das Projekt »Nordbahntrasse« wurde 2015 mit dem Deutschen Fahrradpreis in der Kategorie Infrastruktur ausgezeichnet. Über die ehemalige Kohlenbahn von Wuppertal-Wichlinghausen über Sprockhövel nach Hattingen bietet sich hier die Gelegenheit zu ausgedehnten Radtouren. Das Angebot wird mittlerweile so gut angenommen, dass es an den Wochenenden regelmäßig zu Engpässen auf der besonders bei schönem Wetter stark frequentierten Route kommt. In den Bahnhöfen Ottenbruch und Mirke gibt es Möglichkeiten zur Einkehr. Im Bahnhof Mirke gibt es auch einen Fahrradverleih.

Oben: Im Bahnhof Ottenbruch lädt eine Gaststätte zur Rast ein. Unten: Die Tunnel werden in verschiedenen Farben beleuchtet. Hier die »blaue Grotte« des Engelnberg-Tunnels.

Die Müngstener Brücke

Die höchste Eisenbahnbrücke Deutschlands

Zwischen Solingen und Remscheid überspannt die Müngstener Brücke in einer Höhe von 107 Metern das tief eingeschnittene Tal der Wupper. Seit 1897 schließt sie die wichtige Eisenbahnlücke zwischen den bergischen Industriestädten, die vorher nur über den Umweg über Wuppertal miteinander verbunden waren. Die Stahlkonstruktion wirkt trotz ihrer Größe ausgesprochen filigran.

Ein S-Bahnzug der S7 mitten auf der Brücke am 27. März 2015. Bis 2018 soll die Brücke grundsaniert werden und einen neuen Anstrich erhalten.

Obwohl Solingen und Remscheid nur acht Kilometer Luftlinie auseinanderliegen, stellte das tief eingeschnittene Tal der Wupper lange Zeit für die Eisenbahn ein schier unüberwindliches Hindernis dar. Die bergischen Städte waren nur über einen 44 Kilometer langen Umweg über Gräfrath–Vohwinkel–Lüttringhausen–Lennep mit der Eisenbahn zu erreichen. Ansonsten musste man zu Fuß, auf dem Pferd oder mit Fuhrwerken hinunter ins Tal, über die Napoleonsbrücke bei Müngsten den Fluß queren, um dann auf der anderen Talseite wieder die Anhöhe von Remscheid zu erklimmen. Der Name *Napoleonsbrücke* ist nicht zeitgenössisch, sondern setzte sich erst in den letzten Jahrzehnten in der Bevölkerung durch. Die Herkunft der Bezeichnung ist ungeklärt. Bereits im September 1868 wurde die Strecke von (Wuppertal)-Oberbarmen (damals noch Rittershausen genannt) nach Remscheid feierlich eingeweiht. Der Bahnhof Lennep entwickelte sich nach seiner Eröffnung schnell zu einem Knotenpunkt. Von hier führten Gleise außer nach Wuppertal und Remscheid ins Oberbergische Land sowie in Richtung Wermelskirchen.

Pläne für eine Verbindung zwischen Solingen und Remscheid gab es schon, noch bevor die Strecke Rittershausen–Lennep geplant wurde. Bereits im Jahre 1845 gab es erste Pläne von Johann Heinrich Voßnack. Allerdings sah die erste Planung noch nicht so eine abenteuerliche Trassenführung mit einer über 100 Meter hohen Brücke vor. Zunächst gab es Vorschläge, die Strecke durch das Tal der Wupper neben dem Morsbach über Gerstau hoch nach Remscheid zu führen. Diese Pläne wurden jedoch verworfen, man entschied sich Jahrzehnte später für die Brücke über das Tal bei Müngsten.

Eiffel übertrumpfen

Dass die Pläne jedoch zunächst nicht realisiert wurden, lag in der Schwierigkeit der Topografie des Bergischen Landes. Und hätte es den Eiffelturm des Erzfeinds Frankreich in Paris nicht gegeben, wer weiß, ob man im Deutschen Kaiserreich den Antrieb gehabt hätte, einen eigenen Eiffelturm im Bergischen Land zu bauen. Denn es ist ein offenes Geheimnis, dass die Müngstener Brücke auch eine Reaktion auf den Eiffelturm war, als Demonstration deutscher Ingenieurskunst. Gustave Eiffel hatte bereits mehrere Eisenbrücken gebaut, darunter das Garabit-Viadukt in Südfrankreich. Die eingleisige Eisenbahnbrücke hat eine Höhe von 122 Metern und ist heute noch in Betrieb. Der Erfolg beim Bau seiner Brücken trug mit dazu bei, dass Eiffel den Auftrag zur Errichtung des nach ihm benannten Eiffelturmes zur Weltausstellung 1889 in Paris erhielt.

Solingen und Remscheid konnte dieser Ehrgeiz der Ingenieure nur recht sein, denn sie bekamen schließlich gegen Ende des 19. Jahrhunderts ihre direkte Zugverbindung, die sie aufgrund starker Handelsbeziehungen so dringend benötigten. Diese Zugverbindung wurde allerdings zur damaligen Zeit sehr teuer erkauft, denn während die Brücke selbst schon über 2,5 Millionen Reichsmark kostete, waren die übrigen Kosten mit nochmal 2,5 Millionen Reichsmark für die Trasse enorm.

13. Februar 1897: Ansicht kurz vor dem Bogenschluss. Über die Wupper führt eine Baubrücke.

Das Bergische Land entwickelte sich mit dem Einsetzen der Zweiten Industrialisierung schnell zum größten Wirtschaftsraum des Kaiserreichs. Das Bergische Land fertigte und produzierte bereits mit Metall, Eisen und Stahl, als das Ruhrgebiet noch durch Landwirtschaft geprägt war; und auch die chemische und Textilindustrie erlebte nun einen gehörigen Aufwind. Die Nutzung der Wasserkraft war ein Standortvorteil für die Wirtschaft im Bergischen Land. Allerdings erwarb man damit direkt einen Nachteil: die Beschaffung der Rohstoffe. Vor dem Bau der Eisenbahn wurden Kohle und Erz über alte Handelsrouten von der Rheinschiene aus über 40 Kilometer mit Pferdekarren das Rheinische Schiefergebirge hinaufgetragen. Die Bergische Industrie hatte sich bereits spezialisiert auf Eisen und Stahl aus England. Mit dem Bau der Müngstener Brücke erhielt man die lang ersehnte Direktverbindung über Solingen und die wenige Jahre zuvor fertiggestellte Anbindung bis an den Rhein. Die Handelsbeziehungen, die zwischen Remscheid und Solingen schon immer existierten, konnten mit der Müngstener Brücke weiterwachsen.

Eine technische Meisterleistung

Anfangs war nur ein Gleis auf der Brücke geplant, doch die damalige Königliche Eisenbahndirektion Elberfeld schätzte den zukünftigen Verkehr zwischen Remscheid und Solingen so hoch ein, dass die Planung auf zwei Gleise abgeändert wurde. Im Jahr 1893 wurde mit den Vorarbeiten am Bauplatz begonnen, die Eisenbahnbrücke daraufhin 1897 als Stahlbau vom MAN Werk Gustavsburg fertiggestellt.

Wie in alten Zeiten: Ein Dampf-Sonderzug auf der Müngstener Brücke am 18. Mai 1974.

Der Bogen hat eine mittlere Stützweite von 170 Metern. Die Gesamtlänge der Stahlkonstruktion beträgt 465 Meter. Es wurden insgesamt 5000 Tonnen Stahlprofile verbaut und rund 950.000 Niete geschlagen. Der Hauptbogen der Brücke wurde erstmals im Verfahren des freien Vorbaus errichtet. Damit ist gemeint, dass die beiden Bogenhälften ohne weitere Gerüste bis zum Bogenschluss fertiggestellt wurden und gewissermaßen selbst die Funktion eines Krans für die weitere Montage hatten.

Die Fertigstellung des Rohbaus (Brückenschluss) fiel auf den 21. März 1897; am darauf folgenden Tag wurde während des Richtfestes der letzte von rund 950.000 auf der Baustelle gesetzten Niete geschlagen. Die offizielle Einweihungsfeier der

Brücke fand am 15. Juli 1897 statt. Kaiser Wilhelm II. kam jedoch zu dieser Veranstaltung nicht persönlich, sondern schickte als Abgesandten und seinen Vertreter Prinz Friedrich Leopold von Preußen. Er selbst besuchte die Brücke am 12. August 1899, also erst zwei Jahre später. Die Brücke hieß bis 1918 »Kaiser-Wilhelm-Brücke« – gemeint war damit aber Wilhelm I., der Großvater von Kaiser Wilhelm II.

Mythen und Legenden

Gerüchten zufolge boykottierte der Kaiser den Festakt aus Verstimmung darüber, dass die Brücke nicht zu seinen Ehren, sondern anlässlich des hundertsten Geburtstages seines Großvaters benannt wurde. Um die Brücke ranken sich weitere Mythen und Legenden. Eine dieser Legenden ist die des »goldenen Niets«, der angeblich als letzter geschlagen, aber bis heute nicht gefunden wurde. Vermutlich war er nur vergoldet und ist 1937 beim zweiten Anstrich überpinselt worden. Ein weiterer Mythos ist die angebliche Fehlberechnung der Brücke durch den Baumeister Anton von Rieppel. Der Mythos besagt, dass von Rieppel bei Nachberechnungen irrtümlicherweise feststellte, dass die Hälften sich nicht zusammenfügen lassen oder die fertige Brücke den Belastungen nicht standhalten würde und sich aus Scham darüber von der unfertigen Brücke in den Tod stürzte. Beide Legenden sind nachweislich falsch. Alle Berechnungen waren von Anfang an vollkommen korrekt; und Anton von Rieppels Leben endete auf natürliche Weise, 30 Jahre nach planmäßiger Vollendung der Brücke, nach schwerer Krankheit.

@ www.brueckenpark-muengsten.de

Die Hammer Eisenbahnbrücke

Der erste Brückenschlag in Düsseldorf

Die erste Eisenbahnbrücke zwischen Neuss und Düsseldorf-Hamm wurde am 24. Juli 1870 eröffnet. Ohne Eröffnungsfeierlichkeiten wird die Brücke, die zunächst „König Wilhelms Eisenbahnbrücke“ hieß, erstmalig für den Transport von Soldaten und Material auf den Weg nach Frankreich genutzt. Zwischen 1985 und 1988 entstand für die Ost-West-S-Bahn S8 eine neue viergleisige Brücke.

Ein Regionalexpress auf der Brücke am 13. August 2015. Am Neusser Ufer stehen noch die Türme der alten Brücke (in Düsseldorf ebenfalls, links zu sehen) und zwei Bögen der Vorland-Brücke.

Bis zur Erfindung der Eisenbahn gab es keine festen Brücken über den Rhein. Der Fluss galt als eine schwer zu überwindende natürliche Grenze, insbesondere gegen Angriffe des »Erzfeindes« Frankreich. So entstand die erste Eisenbahnbrücke im Rheinland zunächst im Jahre 1859 zwischen Köln und Deutz (die »Dombrücke«, eine Fachwerk-Gitterträger-Konstruktion, war Vorläufer der Hohenzollernbrücke). Die in der Festung Köln stationierten Soldaten konnten so die Brücke im Kriegsfall gegen eine Rheinüberquerung feindlicher Truppen verteidigen.

Die ersten Planungen für eine Eisenbahnbrücke zwischen Neuss und Düsseldorf gehen auf das Jahr 1852 zurück. Unter dem Vorsitz des Düsseldorfer Oberbürgermeisters Ludwig Hammers strebte ein Komitee eine direkte Eisenbahnverbindung zwischen Düsseldorf und Krefeld an. Die preußische Regierung in Berlin lehnte den Bau aber aus den oben genannten militärischen

Gründen ab. Der Bau der Brücke ist auch eng verbunden mit der Neusser Eisenbahngeschichte: 1853 hatte Neuss Anschluss an die Aachen-Düsseldorfer Eisenbahn über Gladbach und Rheydt gefunden. Diese Bahn endete in Düsseldorf-Oberkassel (Rheinstation) am Rheinufer, von dort führte eine Schiffsbrücke nach Düsseldorf. Am rechtsrheinischen Ufer konnten die Reisenden dann am heutigen Graf-Adolf-Platz in die Bergisch-Märkische Eisenbahn oder die Köln-Mindener Eisenbahn umsteigen. Die Reisenden mussten aber zu Fuß den Rhein überqueren; und auch alle Güter mussten hier umgeladen werden. Ein umständliches und Kosten treibendes Verfahren. Außerdem war das Ein- und Ausfahren einzelner Brückenteile, um Schiffe passieren zu lassen, recht zeitaufwändig. Auf Betreiben der Rheinischen Bahngesellschaft (Rheinbahn) wurde diese Pontonbrücke 1898 durch die erste feste Straßenbrücke in Düsseldorf, die Oberkasseler Brücke ersetzt. Sie hatte bereits Straßenbahngleise für die Schnellbahnlinie zwischen Düsseldorf und Krefeld. Nach dem Bau der Hammer Brücke wurden die Eisenbahngleise bis zum Belsenplatz zurückgebaut, wo vorher bereits der Personenverkehr endete. Die Strecke zum Rhein wurde nur für den Güterverkehr genutzt.

Erst Eisenbahntrajekte statt Brücken

Auch zu Beginn der Eisenbahnzeitalters dachte man zunächst an Fährverbindungen: das Eisenbahntrajekt, wie man es etwa von der »Vogelfluglinie« zwischen Puttgarden (Fehmarn) und Rødby (Dänemark) her kennt. Am Nieder- und Mittelrhein entstanden in Duisburg-Homberg (1852), Duisburg-Rheinhausen (1868) und Bonn-Oberkassel (1870) Eisenbahnfähren. Im linksrheinischen Duisburg-Homberg steht sogar noch ein Hebeturm des Aufzugs des Trajekts Homberg-Ruhrort und ist heute Teil der Route Industriekultur. Auch in Köln dachte man zuerst an ein Eisenbahntrajekt.

Es zeigte sich aber bald, dass für einen rentablen Betrieb der Eisenbahn feste Rheinquerungen unabdingbar waren. Mit fortschreitendem Einsatz eiserner Brückenkonstruktionen gelang es, weitgespannte Eisenbahnbrücken zu bauen. Um 1850 entstand in Nord-Wales die Britannia-Bridge als erste eiserne Eisenbahngroßbrücke mit Stützweiten von 142 Metern in beiden Mittelöffnungen. In Deutschland wurde zwischen 1850 und 1857 die Weichselbrücke bei Dirschau mit sechs Öffnungen von je 131 Metern errichtet. Die erste eiserne Eisenbahnbrücke über den Rhein entstand zwischen der Schweiz und Baden bei Waldshut unterhalb des Bodensees 1859 (kurz vor dem Brückenbau in Köln) als Gitterträgerbrücke. Sie weist allerdings als längste Stützweite nur eine Öffnung von 54,9 Metern auf.

Die Königliche Eisenbahndirektion in Elberfeld wandte sich 1864 an das Kriegsministerium in Berlin und legte abermals Gründe für eine Brücke bei Düsseldorf dar. Alternative Standorte in Höhe der heutigen Rheinkniebrücke beziehungsweise der Oberkasseler Brücke oder bei Grimlinghausen wurden zugunsten des Standortes bei Hamm verworfen. Die *Bergisch-Märkische Eisenbahngesellschaft* wollte die Brücke auf eigene Kosten errichten.

Die Handelskammer Düsseldorf wandte sich am 31. Oktober 1865 an den preußischen Minister für Handel, Gewerbe und öffentliche Arbeiten mit der Bitte um Genehmigung einer Eisenbahnbrücke über den Rhein bei Hamm. Allerdings hatte die preußische Regierung durch den Deutsch-Österreichischen Krieg 1866 zunächst andere Probleme zu lösen. Schließlich erteilte der preußische König 1867 die Genehmigung. Für die Schifffahrt wurden vier Öffnungen von 100 Metern Breite und 17 Öffnungen für die Vorlandbrücken gefordert. Im Mai 1868 begannen die Arbeiten. Am 20. November 1869 ereignete sich ein schwerer Unfall, als ein mit Eisenerz beladenes Schiff gegen ein Brückengerüst stieß und einer der vier Bögen einstürzte. Bei diesem Unglück starben 18 Menschen; 14 schwerverletzte Arbeiter kamen in die Krankenhäuser von Neuss und Düsseldorf.

Erst im Frühjahr des Jahres 1870 waren die Trümmer beseitigt, und die Arbeiten konnten fortgesetzt werden. Aus militärischen Gründen wurde das Bauwerk befestigt. Neben den festungsähnlichen Türmen an den Brückenköpfen gab es auch Sperrforts an den Vorbrücken. Auf alten Karten sind diese deutlich zu erkennen. Sie wurden 1885 abgerissen. Düsseldorf war damals wie Köln und Wesel Garnisonsstadt. Die neue Brücke hieß offiziell »König Wilhelms Rhein-Eisenbahnbrücke« und sollte am 27. Juli 1870 in Anwesenheit des Königs feierlich eröffnet werden. Aber bereits am 24. Juli rollte der erste Zug über die Brücke. Mittlerweile befand sich Deutschland mit Frankreich im Krieg, und der Zug transportierte Soldaten und militärische Ausrüstung gen Westen. Der Name »König Wilhelms Rhein-Eisenbahnbrücke« setzte sich bei der Bevölkerung nicht durch, sie wurde schlicht »Hammer Brücke« genannt. Durch die neue Brücke erhöhte sich das Verkehrsaufkommen auf der Strecke Aachen–Neuss–Düsseldorf–Elberfeld beträchtlich. Es gab auch internationale Verbindungen, Expresszüge fuhren von Berlin über Düsseldorf bis nach Ostende oder Paris.

Der zunehmende Verkehr und militärische Gründe für einen Truppenaufmarsch im Westen führten zwischen 1909 und 1911 zum Bau einer zweiten Brücke 32 Meter stromaufwärts, so dass nun vier Gleise über den Rhein führten. Gleichzeitig erhielt auch die ältere Brücke neue Bögen, die den zunehmenden Bahnverkehr besser tragen konnten. Damit gab es nun zwei zweigleisige Strecken: die südliche Brücke diente dem Personenverkehr und die nördliche dem Güterverkehr.

TEE-Sonderzug auf der alten Hammer Brücke am 23. Juni 1983.

Ein Eilzug auf der Neusser Vorflutbrücke am 13. Februar 1982.

Gegen Ende des Zweiten Weltkriegs wurden am 3. März 1945 alle Düsseldorfer Brücken von der Wehrmacht gesprengt. Die Hammer Brücke war während des Krieges zahlreichen Luftangriffen ausgesetzt, sie richteten aber keine größeren Schäden an. Da alle deutschen Rheinübergänge zerstört waren und eine schnelle Wiederherstellung der Kölner Hohenzollernbrücke nicht möglich war, hatte der Wiederaufbau der Hammer Eisenbahnbrücke Vorrang. Sowohl von deutscher als auch englischer Seite wurde ein schneller Wiederaufbau gefordert. Am 31. Juli 1946 konnte auf der Güterzugstrecke eine eingleisige Behelfsbrücke als Provisorium eröffnet werden. Bis in den November 1947 erfolgte der Wiederaufbau einer zweigleisigen Brücke, die aus Teilen der südlichen Brücke rekonstruiert wurde. Die Behelfsbrücke konnte nun demontiert werden. Die Ruine der südlichen Brücke wurde nicht wieder aufgebaut, die Eisenteile wurden verschrottet, Pfeiler und Brückentürme blieben jedoch stehen und verfielen mit der Zeit.

Der Bau der Ost-West-S-Bahn S8 machte 1984 einen Neubau der Hammer Eisenbahnbrücke mit einer Erweiterung auf vier Gleise erforderlich. Dabei wurde auch die Öffnung für die Schifffahrt erheblich erweitert. Die neue Brücke wurde in der Lage der früheren südlichen Brücke errichtet. Der symbolische »erste Rammschlag« erfolgte am 28. November 1983. Die neue Brücke entstand mit einem Fachwerkversteifungsträger mit einer 250 Meter langen Stabbogenbrücke, in Erinnerung an die alte Bogenkonstruktion. Die Gesamtlänge der Brücke beträgt, zusammen mit den Vorlandbrücken aus Spannbeton auf Neusser Seite, genau 813,5 Meter. Der Bogen hat eine Höhe von 47,50 Metern, und erhebt sich damit beeindruckend über den Rhein. Die Bogenbrücke erinnert sehr an die Fehmarnsundbrücke. Diese hat jedoch nur eine Stützweite von 248 Metern und eine Bogenhöhe von 45 Metern. Die Brücke ist so konstruiert, dass sich zwei Gleise innerhalb der Fachwerkkonstruktion befinden und jeweils ein Gleis beidseitig außerhalb des Fachwerks. Bis zur Eröffnung der Grümpentalbrücke auf der ICE-Strecke Nürnberg–Erfurt im Jahr 2011 mit 270 Metern Stützweite war die Hammer Brücke die weitestgespannte Eisenbahnbrücke Deutschlands.

Am 10. April 1987 wurde die Brücke von den bauausführenden Firmen Dyckerhoff & Widmann AG (Beton) und Hein, Lehmann AG (Stahl) symbolisch an den Präsidenten der Bundesbahndirektion Köln übergeben. Mit der Eröffnung der Ost-West-S-Bahn S8 am 29. Mai 1988 wurden dann auch die beiden S-Bahn-Gleise in Betrieb genommen. Am Eröffnungstag galt freie Fahrt auf der S-Bahn; und die neugierigen Reisenden konnten die neue S-Bahn-Verbindung im wahrsten Sinne des Wortes in vollen Zügen genießen: Die Züge waren proppenvoll.

Die alte nördliche Brücke wurde daraufhin abgerissen, übrig blieben die Brückentürme als Relikt der ersten Brücke von 1870. In den Türmen auf Hammer Seite hat heute der Verein Bergische Lehnsritter e. V. seinen Sitz.

Bahn Backstage

Blick hinter die Kulissen

Kurz vor den Sommerferien 2013 startete DB Regio NRW mit »Bahn Backstage« eine Veranstaltungsreihe, die alle Daheimgebliebenen mächtig auf Trab hielt. Rund 200 Erlebnistouren, viele davon im Ruhrgebiet, gaben im Juli und August 2013 einmalige Einblicke in die Welt der Züge. Ob Werkstattführung oder Betriebszentrale – alle Events konnten nach Anmeldung kostenlos besucht werden.

Blick in die Werkstatthalle in Düsseldorf-Wersten am 3. August 2013.

Mit etwas Glück hatten wir noch Plätze für die DB-Backstage-Tour ins DB-Regiowerk Düsseldorf-Wersten ergattert. Die kostenlose Werkstattführung in Wersten war nämlich schnell ausgebucht. Mit einem Regionalexpress ging es morgens vom Hauptbahnhof über ein Geflecht von Gleisen und Weichen in den Abstellbahnhof Wersten. Der Abstellbahnhof ist 2,5 Kilometer lang und erstreckt sich über eine Breite von 500 Metern.

Die »Werkstatt Düsseldorf, Harffstraße 110« ist eine von von landesweit sechs Werkstätten der Deutschen Bahn in Nordrhein-Westfalen für den Regionalverkehr. 120 Mitarbeiter sind hier im Drei-Schichten-Betrieb tätig. Sie halten die Zugflotte für vier Regional-Linien und für zwölf S-Bahn-Linien am Laufen: 170 Triebzüge und E-Loks sowie 148 S-Bahn-Wagen kommen hier zur Inspektion.

Orkan Kyrill sorgte für Mehrarbeit

Nach dem Orkan Kyrill im Januar 2007 gab es in Wersten besonders viel zu tun: Züge und Lokomotiven hatten Sturmschäden erlitten, berichteten unsere Tourguides, Werkstattleiter Michael Kolberg und Segmentleiter Alexander Prott.

Das Zentrallager enthält alles, von neuen Polsterbezügen bis zu Rad-Ersatzteilen. Rowdys, die Sitze beschädigen und Scheiben zerkratzen, sorgen immer für reichlich Arbeit. Die Werkstatthalle hat fünf Gleise mit einer Länge von jeweils 250 Metern. Mit Hebe- und Krananlagen können dort schwere Teile ausgetauscht werden. Ganz neu ist eine Graffiti-Entfernungsanlage. Die Waschstraße für Züge gibt es dort schon länger.

Die Anfänge gehen zurück auf das Jahr 1928

Die Zug-Werkstatt entstand 1928. Damals baute die Deutsche Reichsbahn einen Reisezug-Abstellbahnhof. Der Stolz der Bahn war ein großer Ringlokschuppen mit 30 Ständen, der 1931 fertig war und der heute die Classic Remise beherbergt, in der Oldtimer-Autos untergestellt sind. Auch eine betriebsbereite Drehscheibe gibt es noch. Für die Überholung musste man extra einen Ingenieur reaktivieren, der sich noch damit auskannte.

Im Zweiten Weltkrieg wurde das Bahnbetriebswerk schwer beschädigt, aber der Betrieb konnte weiter gehen. Als in den 1970er-Jahren die letzte Dampflok das Werk verließ, rüstete die Deutsche Bundesbahn die Werkstatt für die Instandhaltung der S-Bahnen um.

Schienenbuskreuzfahrt zwischen Ruhr und Maas

Vom Kohlenpott zum Eisernen Rhein

Diese Tour mit der Deutschen Gesellschaft für Eisenbahngeschichte (DGEG) führte uns im Januar 2016 zu einem Dutzend Güterstrecken, Verbindungskurven sowie Anschlussgleisen im Ruhrgebiet und am Niederrhein. Dabei wurden mehrere historisch ehemals bedeutende Schienenstränge wie der Eiserne Rhein oder die ehemalige Venloer Bahn befahren.

Bahnhof Dalheim am »Eisernen Rhein«: Man beachte die Flügelsignale. Das Gleis rechts zweigte einmal nach Wassenberg ab.

Um 9 Uhr starteten wir in Bochum Hauptbahnhof über Bochum-Riemke nach Herne. Leider spielte der Wettergott nicht mit, so dass der erste Fotohalt am ehemaligen Haltepunkt Herne-Rottbruch entfiel. Es regnete in Strömen, und das fahle Licht lud nicht gerade zum Fotografieren ein. Regen und Windböen sollten uns noch auf der ganzen Fahrt begleiten.

Nach einem Fahrtrichtungswechsel in Herne ging es über die Gleise der S2 nach Recklinghausen Hauptbahnhof. Dort wurde wieder die Fahrtrichtung gewechselt: Zunächst ging es ein Stück zurück und dann auf der Hamm-Osterfelder Bahn über Gladbeck-West und Bottrop bis Oberhausen-Sterkrade. Hier wurde wieder Kopf gemacht. Über Oberhausen-West ging es dann über die am 1. Oktober 1912 für den Güterverkehr eröffnete Haus-Knipp-Brücke über den Rhein nach Moers. Der namensgebende Herrensitz Haus Knipp befand sich in unmittelbarer Nähe der heute nördlichsten deutschen Eisenbahnbrücke über den Rhein und wurde 1939 bei der Rheindeicherhöhung abgerissen. Am 5. März 1945 sprengte die deutsche Wehrmacht die Brücke, die dann in den folgenden Tagen von der 9. US-Armee eingenommen wurde. Da die Schäden vergleichsweise gering waren, konnte die Haus-Knipp-Brücke als erste Eisenbahnbrücke über den Rhein repariert und wieder in Betrieb genommen werden.

Nach siebenmonatiger Arbeit konnte das erste Gleis bereits am 23. März 1946 in Betrieb genommen werden, dem am 30. April 1946 das zweite Gleis folgte. Der elektrische Zugbetrieb über die Brücke wurde am 1. Dezember 1970 aufgenommen. 1998 wurde das nördliche Gleis außer Betrieb genommen. Nach umfassender Erneuerung des Oberbaus ist die Brücke seit Anfang 2013 wieder zweigleisig befahrbar.

Eine unvollendete Bahnstrecke

Als Verlängerung der Trasse Oberhausen–Moers war der Bau einer Bahnlinie von Moers-Meerbeck nach Geldern geplant. Die Bahn sollte einmal die im Ruhrgebiet und am linken Niederrhein geförderte Kohle abtransportieren, auch in Richtung Niederlande. Der Erste Weltkrieg stoppte den Ausbau. Spuren dieser rund 23 Kilometer langen, unvollendeten Bahntrasse sind aber noch gut zu erkennen.

Beinahe schnurgerade führte die Strecke von Moers westwärts nach Geldern. Genau diese Ausrichtung wurde dem Projekt nach dem Ersten Weltkrieg zum Verhängnis. Im Versailler Vertrag von 1919 wurde Deutschland jeglicher Bau von militärischen Anlagen westlich des Rheins untersagt. Frankreich fürchtete jede Eisenbahntrasse in West-Ost-Richtung als militärische Nachschublinie. Damit wurde Deutschland auch der Weiterbau der Strecke nach Geldern verboten. Dabei waren bis auf die Gleise und Bahnhofsgebäude schon beinahe alle Arbeiten abgeschlossen, teilweise lag sogar schon der Schotter. Teile der Trasse wurden überbaut, beispielsweise mit einer Moto-Cross-Strecke und Tennisplätzen. Gäbe es die Strecke heute noch, wäre sie möglicherweise eine Alternative zur Betuwe-Linie und zum Eisernen Rhein.

Die Hamburg-Venloer-Bahn

Geldern wäre im Zuge dieser Planungen zu einem Bahnknotenpunkt geworden. 1874 hatte die Köln-Mindener-Bahn die Strecke Venlo–Wesel mit einem eigenen Bahnhof in Geldern-Ost im heutigen Barbaragebiet eröffnet. Die Trasse war einst als Teilstück einer internationalen Eisenbahnverbindung von Paris bis Hamburg mit weiterem Anschluss nach Skandinavien gedacht. Von Alpen bis Büderich befuhren wir das letzte verbliebene Reststück dieser Bahnlinie bis zum Esco-Salzbergwerk in Büderich. Diese Stichbahn ist akut von einer Stilllegung bedroht. Bis zum Zweiten Weltkrieg führte diese Trasse über eine Eisenbahnbrücke bei Wesel weiter über Haltern nach Osnabrück. Nachdem die niederländische Staatsbahn Nederlandse Spoorwegen aber 1936 den Verkehr von und nach Venlo einstellen ließ, verkümmerte der westliche Streckenteil zur Nebenbahn.

Am Morgen des 10. März 1945 sprengten deutsche Pioniere die Weseler Eisenbahnbrücke – damals die letzte Rheinbrücke unter deutscher Kontrolle – drei Tage nach Eroberung der Ludendorff-Brücke bei Remagen durch US-Truppen. Die Brücke wurde nach dem Krieg nicht wiederaufgebaut, da sie zuletzt nur noch von zwei Nebenbahnen befahren worden war. Wegen der Streckenverlegung am Rande des Ruhrgebiets konnte der Streckenabschnitt zwischen Wesel und Haltern nie wirtschaftlich betrieben werden. Das preußische Militär hatte aber auf einem Rheinübergang bei Wesel bestanden, weil zum einen die Brücke durch die dortige Garnison verteidigt werden und zum anderen für Truppentransporte genutzt werden konnte.

Ein Tor stoppte am Kalibergwerk unsere Weiterfahrt. Von hier aus fuhren wir zurück nach Rheinberg. Dort befuhren wir das Anschlussgleis zur Müllverbrennungsanlage Asdonkshof. Das Gleis wird nur noch zur Abfuhr von Schlacken genutzt. Nach der Rückfahrt nach Rheinberg setzten wir unsere Fahrt fort nach Trompet. In Rheinkamp kam uns auf dem Gegengleis ein ICE4 entgegen, der aus dem Siemens-Werk in Uerdingen auf die Abstellgleise in Rheinkamp überführt wurde. Dort standen neben einem ICE3 auch neue U-Bahnzüge für die Münchener U-Bahn.

Das Eisenbahn-Trajekt in Homberg

Von Trompet befuhren wir nach einem weiteren Richtungswechsel das Anschlussgleis der Firma Sachtleben Chemie GmbH in Duisburg-Homberg. Einen Güterzug mussten wir noch passieren lassen. Die Strecke endet an einem Hafenbecken. Leider konnten wir die Strecke nicht ganz bis zum Ende durchfahren. Denn dort gibt es noch einen Hebeturm des Trajekts Homberg-Ruhrort, der heute Teil der Route Industriekultur ist. Als Vorläufer der großen Rheinbrücken entstanden an mehreren Orten des Rheinlandes sogenannte Trajekt-Anstalten.

Blick über das Eisenbahnbassin zum Hebeturm auf der Homberger Seite.

Schon 1847 hatte die Köln-Mindener Eisenbahn mit der linksrheinischen »Ruhrort-Crefeld-Kreis Gladbacher Eisenbahngesellschaft« ein Abkommen zur Verbindung der beiden Streckennetze bei Duisburg über den Rhein durch eine Dampffähre geschlossen. Die 1856 errichtete Anlage bestand aus zwei Aufzugs- beziehungsweise Hebetürmen mit Hafenbecken auf den gegenüberliegenden Rheinufern von Homberg und Ruhrort sowie einer Dampffähre. In den Türmen konnten Eisenbahnwaggons auf einer Aufzugsplattform vom Niveau der Gleisanlagen auf das Deck der Fähre gesetzt werden, um auf dem anderen Ufer wieder hinauf befördert zu werden. Die Eisenbahngesellschaften hätten zwar lieber eine Brücke gebaut, aber das Militär

Dieses Modell des Hebeturms steht im Binnenschifffahrtsmuseum in Duisburg.

war dagegen – ein fester Rheinübergang hätte im Falle eines Krieges mit Frankreich einen strategischen Vorteil für die Franzosen bedeutet.

Die Aufzüge in den Hebetürmen wurden hydraulisch betrieben und transportierten bereits im ersten Betriebsjahr 1856 die große Zahl von 47.000 Waggons. Bis zum Bau der Hochfelder Eisenbahnbrücke 1874, wo ab 1866 zunächst ebenfalls eine Trajekt-Anstalt der Rheinischen Eisenbahngesellschaft ohne Hebetürme in Betrieb gewesen war, bildete die Homberg-Ruhrorter Trajektanstalt eine wichtige Nahtstelle zur Überquerung des Rheins und zur Verbindung des Ruhrgebiets mit dem Gladbacher und Aachener Wirtschaftsraum. Erhalten geblieben ist nur der Turm auf der Homberger Rheinseite. Er wird heute zu Wohnzwecken genutzt. In Ruhrort erinnert noch das Eisenbahnbassin an diesen vergangenen Zeitabschnitt der Eisenbahngeschichte.

Auf der Bergisch-Märkischen Eisenbahn

Danach fuhren wir auf diesem historisch bedeutsamen Gleis zurück nach Trompet; und dann ging es ohne Zwischenhalt über Krefeld und Viersen nach Mönchengladbach Hauptbahnhof. Die ersten Bauarbeiten für Eisenbahnen in Mönchengladbach gehen auf das Jahr 1845 zurück. Damals begann die »Aachen-Düsseldorf-Ruhrorter Eisenbahn« eine Bahnlinie von Homberg über Krefeld nach Viersen zu bauen. Dieser Streckenabschnitt ging 1851 in Betrieb. Homberg am Rhein war der Endpunkt dieser Strecke mit dem bereits beschriebenen Eisenbahntrajekt. In Mönchengladbach Hauptbahnhof stieg ein Lotse zu, und wir befuhren das Reststück der Bahnstrecke der »Bergisch-Märkischen Eisenbahn« in Richtung Köln über Rheydt-Geneicken, Rheydt-Mülfort, Hochneukirch und Grevenbroich.

1865 hatte die bereits 1843 in Wuppertal gegründete Bergisch-Märkische Eisenbahn AG den Betrieb der Aachen–Düsseldorf–Ruhrorter Eisenbahn übernommen. Ab 1870 baute sie die lange geforderte Bahnstrecke Richtung Köln über Rheydt-Geneicken, Rheydt-Mülfort, Hochneukirch und Grevenbroich, die erst 1899 fertig gestellt wurde. Wir konnten diesen Abschnitt bis zum Transformatorenwerk in Mönchengladbach-Geneicken befahren. Durch die 1908 geschaffene Verbindung zwischen Rheydt-Odenkirchen und Rheydt Hauptbahnhof wurde die Strecke über Geneicken von der damals schon zweigleisigen, parallel verlaufenden Bahnstrecke zwischen Mönchengladbach Hauptbahnhof und Rheydt Hauptbahnhof ins Abseits gedrängt. Dennoch wurde die Strecke im Jahr 1968 noch elektrifiziert.

Am 31. Januar 1985 stellte die Deutsche Bundesbahn den Güterverkehr zwischen Rheydt-Geneicken und Rheydt-Odenkirchen sowie den Personenverkehr zwischen Mönchengladbach Hauptbahnhof und Rheydt-Odenkirchen ein. Der installierte Fahrdraht wurde wieder entfernt und die Strecke im Folgejahr zwischen Geneicken und Odenkirchen abgebaut. Die ehemalige Bahnstrecke wird seitdem als Rad- und Wanderweg genutzt. Auf der Hin- und Rückfahrt hatte der Lotse an den Übergängen an den Schranken mit Handbetrieb ganz schön zu kurbeln.

Der Eiserne Rhein

Die nächste Etappe führte uns nach einem weiteren Richtungswechsel am Hauptbahnhof über den sogenannten Eisernen Rhein nach Dalheim. Der »Eiserne Rhein« verdankt seine Entstehung der belgisch-niederländischen Rivalität, die sich aus der Abspaltung der südlichen Provinzen im Jahr 1830 ergab. Diese Güterzugverbindung sollte auf Betreiben der Belgier vom Antwerpener Hafen bis an den Rhein führen. Obwohl Belgien vertraglich das Recht zustand, eine solche Bahnlinie über niederländisches Territorium zu führen, gestaltete sich deren Ausführung als unmöglich, weil die Niederländer den Vertrag in dieser Form nicht anerkannten und eine Trassenführung durch Limburg ablehnten. Am 13. Januar 1873 schlossen Belgien und die Niederlande den sogenannten Eisernen-Rhein-Vertrag. Dieser sah eine Trassenführung von Herentals über Weert und Roermond bis zur preußischen Grenze bei Vlodrop und weiter bis Rheydt vor. 1878 wurde dann die Verbindung nach Dalheim über Mönchengladbach-Rheindahlen fertiggestellt. Der Betrieb für Personenzüge wurde am 15. Februar 1879 aufgenommen. Den 20. Juli 1879 – den Tag, als der vollständige Betrieb mit Personen- und Güterzügen auf der Gesamtstrecke aufgenommen wurde – kann man als den Geburtstag des Eisernen Rheins bezeichnen. Die Strecke wurde anfangs vor allem von Güterzügen befahren. Diese belieferten die Textilindustrie in Mönchengladbach und Krefeld mit Baumwolle, die im Antwerpener Hafen auf die Güterzüge verladen wurde. Seitdem hatte der Eiserne Rhein einen weiteren Namen im Volksmund: die »Baumwoll-Bahn«. Grenzüberschreitenden Personenverkehr gab es hauptsächlich zwischen Mönchengladbach und Roermond. In den besten Jahren fuhren bis zum Ausbruch des Ersten Weltkrieges sechs internationale Personenzüge über den Eisernen Rhein nach Antwerpen. Zwischenzeitlich nutzten auch Auswanderer aus Mittel- und Osteuropa den Eisernen Rhein als schnelle Verbindung zum Antwerpener Hafen. In Dalheim stand eine hölzerne Halle zur Abfertigung der Auswanderer.

Nach dem Ende des Ersten Weltkrieges verlor der Eiserne Rhein für den regulären Bahnbetrieb zeitweilig an Bedeutung, weil die Niederländer ihre Durchfahrzölle für belgische Güter dermaßen erhöht hatten, so dass der Güterverkehr über die »Montzen-Route« bei Aachen – trotz der längeren Wegstrecke – günstiger abgewickelt werden konnte. Aus diesem Grund wurde der Eiserne Rhein zusehends weniger genutzt. Wegen der immer spärlicheren Nutzung begann man ab 1958 auch auf deutscher Seite mit dem Abbau des zweiten Gleises zwischen Dalheim und Wegberg. Zwischen Wegberg und Rheydt erfolgte die Demontage im Jahr 1964. Diese eingleisige Strecke genügte von der Kapazität her für die zwischen Antwerpen und dem Ruhrgebiet verkehrenden Güterzüge. 1991 fuhren die letzten durchgehenden Güterzüge zwischen Antwerpen und Neuss.

Im Jahre 1996 kommt der »neue Eiserne Rhein« wieder ins Gespräch. Die alte Trasse und somit der kürzeste Weg von Antwerpen ins Ruhrgebiet soll wieder aktiviert werden. Mittlerweile favorisiert die nordrhein-westfälische Landesregierung eine Neubaustrecke entlang der Autobahn A52 bei Elmpt.

Auf dem Gelände des ehemals britischen Militärflughafen Wildenrath errichtete 1997 Siemens das Eisenbahn-Prüfcenter Wegberg-Wildenrath. Am Stellwerk Klinkum wurde der Anschluss des Flughafens zwischen Wildenrath und Arsbeck reaktiviert. Die Stellwerke sind übrigens auf der gesamten Strecke noch in Betrieb und mit Personal besetzt. Auf der Rückfahrt wurde unser Zug im Bahnhof Wegberg gestoppt, weil aufgefallen war, dass ein rotes Rücklicht fehlte. »Die haben sonst wohl nichts zu tun«, scherzte das Zugpersonal.

Die Mönchengladbacher Umgehungsbahn

Der Rangierbahnhof Rheydt ist die erste beziehungsweise letzte Stelle unter Fahrdraht. Versuchsfahrzeuge aller Art und Fahrzeuge zur Abnahmeprüfung, die zum Prüfcenter Wildenrath befördert werden müssen, fahren maximal bis Rheydt Rangierbahnhof aus eigener Kraft. Wenn elektrisch betriebene Fahrzeuge noch nicht vom Eisenbahn-Bundesamt abgenommen sind, werden sie sogar komplett – also auch unter Fahrdraht – zum Prüfcenter geschleppt. Erst wenn dort zum Beispiel die Abnahme erfolgt ist, dürfen die Fahrzeuge dann ab Rheydt Rbf erstmals aus eigener Kraft über die Schienen rollen. So kann man im Rangierbahnhof Rheydt immer wieder hochmoderne Fahrzeuge aus und für Europa oder Übersee beobachten.

Vom Rangierbahnhof Rheydt ging es über die Mönchengladbacher Umgehungsbahn, die seit 1909 exististiert, nach Viersen-Helenabrunn. Die Umgehungsbahn wird hauptsächlich für Güterzüge auf der Verbindung Duisburg–Aachen genutzt, die nicht durch die beiden Hauptbahnhöfe fahren sollen. Aber auch als Ausweichstrecke bei Bauarbeiten und als Bahnstromleitung ist die Umgehungsbahn unverzichtbar.

Prüfcenter Wildenrath

Bahntechnik auf dem Prüfstand

Im Bahntestzentrum in Wegberg-Wildenrath (Prüf- und Validationcenter Wildenrath, kurz: PCW) prüft Siemens Schienenfahrzeuge auf Herz und Nieren, bevor sie zur Auslieferung kommen. Nach Schließung des ehemals britischen Militärflughafens 1992 hat Siemens das Gelände erworben und im Jahr 1997 das Prüfcenter eröffnet.

Die vierte ICE-Generation im Prüfcenter Wildenrath: Der Velaro D.

Im Januar 1997 wurde das PCW auf dem 35 Hektar großen Gelände eines ehemaligen Flugplatzes der britischen Royal Air Force eröffnet. Auf dem über 28 Kilometer langen Schienennetz können Nahverkehrs-, Regional- und Fernverkehrszüge unter realen Bedingungen getestet werden.

Das Prüfcenter in Wildenrath ist die weltweit modernste Zulassungsstelle für Züge. Nahezu alle Fahrzeuge in Normal- und Meterspur werden hier eisenbahntypischen Prüfungen unterzogen. Hier wird erprobt, ob die Fahrzeuge fit sind für ihren täglichen Einsatz in und zwischen den Städten. Im PCW stehen zwei Testringe für Prüfungen zur Verfügung: einmal bis 100 und bis 160 Stundenkilometer sowie drei weitere Testgleise in Normal- und Meterspur, die auch Spezialstrecken mit engen Kurvenradien und Steigungs- beziehungsweise Gefällstrecken aufweisen. Spezielle Testgleise bieten vielfältige Prüfmöglichkeiten wie Dichtigkeitstests, Lärmmessungen und Beregnung.

Ob elektrisch oder mit Diesel angetrieben, das 44 Hektar große Prüfcenter ist für alle Bahnsysteme gerüstet. Die Oberleitung kann auf alle gängigen europäischen Gleichstrom- und Wechselstromspannungen umgeschaltet werden. Bogen-, Kuppen- und Senkenfahrten lassen sich auch im Stand simulieren. Die Stromzuführung kann dabei auch über eine Stromschiene für Metros sowie Fahrzeuge für den deutschen und britischen Markt erfolgen. Alle drei Minuten kann auf dem äußeren Testring ein Grenzübertritt simuliert werden. Dies ermöglicht einen realistischen Bahnverkehr quer durch Europa mit Mehrsystem-Loks und -Triebzügen. Auf dem Dreh-Kipp-Tisch in der Halle werden Normal- und Meterspurfahrzeuge getestet.

Das Prüfcenter testet Systeme und Produkte sowohl von der Siemens Mobility-Sparte als auch von externen Kunden unter realistischen Betriebsbedingungen. Bahnunternehmen können dort ihre eigenen Verkehrssysteme, auch wenn sie nicht von Siemens stammen, bereits vor dem Einsatz testen und mögliche Änderungen und Ergänzungen unter Praxisanforderungen bewerten. Im PCW können auch extreme Testbedingungen mit hohen Verkehrslasten reproduziert werden, die auf einer Betreiberstrecke nicht möglich wären. Bei den Prüfungen auftretende Fehler oder Mängel können direkt vor Ort in den Werkstätten behoben werden. Nicht zuletzt lassen sich durch die Nutzung des PCW auch die Entwicklungszeiten meist deutlich verkürzen.

Als Eisenbahnverkehrsunternehmen übernimmt das PCW auch die Überführung von Kundenfahrzeugen. Der Transport zum DB-Netz erfolgt über das Anschlussgleis ab dem Übergabebahnhof Mönchengladbach-Rheydt. Da die letzten 15 Kilometer nicht elektrifiziert sind, müssen elektrisch betriebene Fahrzeuge mittels der PCW-eigenen Diesellokomotiven geschleppt werden.

An Tagen der offenen Tür werden die Tore auch für Eisenbahnfans und die interessierte Öffentlichkeit geöffnet.

Showtime in Wildenrath

Am 21. April 2015 stellte Siemens vor internationalen Medienvertretern zwei Großprojekte vor: Die Straßenbahn für den Wüstenstaat Katar und den Desiro für die Thameslink-Linie in London. Strahlender Sonnenschein begleitete die Journalisten und Fotografen, aber in Wegberg kann es durchaus auch in Strömen regnen bei solchen Presseterminen.

Straßenbahn für Doha (Katar).

Der Desiro City Thameslink auf Testfahrt.

Bei einer Testfahrt auf dem 2,4 Kilometer langen inneren Testring mit einer für den arabischen Staat Katar bestimmten Straßenbahn vom Typ Avenio konnten sich die Fachjournalisten selbst ein Bild von den einzigartigen Testmöglichkeiten vor Ort machen. Die Bahn war mit zahlreichen Testinstrumenten und Sensoren ausgestattet.

Das besondere an der Tram ist der oberleitungslose Betrieb. Die Straßenbahn soll auf dem Universitätscampus »Education Center« in Doha auf einer zwölf Kilometer langen Strecke fahren. Durch ein neuartiges Energiespeichersystem ist es möglich, die Kondensatoren und Batterien des Fahrzeugs an den Haltestellen und den Endstellen in wenigen Sekunden aufzuladen. Dabei müssen die Klimabedingungen in Katar mit Tagestemperaturen von über 50 Grad Celsius, hoher Luftfeuchtigkeit, extremer Staubbelastung und Starkregen berücksichtigt werden. Wie sich die Journalisten selbst überzeugen konnten, läuft der Ladevorgang völlig reibungslos ab und bleibt für die Fahrgäste unbemerkt. Die Batterie-Tram könnte unter anderem auch für das Projekt einer oberleitungslosen Strecke durch den Englischen Garten in München interessant sein. Die zweite Testfahrt führte anschließend über den rund sechs Kilometer langen äußeren Testring, der für Geschwindigkeiten bis 160 Kilometer pro Stunde ausgelegt ist.

Dort stand der Desiro City Thameslink abfahrbereit. 1140 Wagen für 115 Züge hat das Department für Transport London vor fast zwei Jahren bestellt. Im August 2015 wurde der erste Zug auf der Insel abgeliefert. Für Juni 2018 ist die Auslieferung des letzten Exemplars des 1,8-Milliarden-Euro-Auftrags vorgesehen. Siemens übernimmt für Thameslink auch die Instandhaltung des Fuhrparks. Dazu errichtet Siemens in London zwei neue Depots.

Gleisplan des Prüfcenters

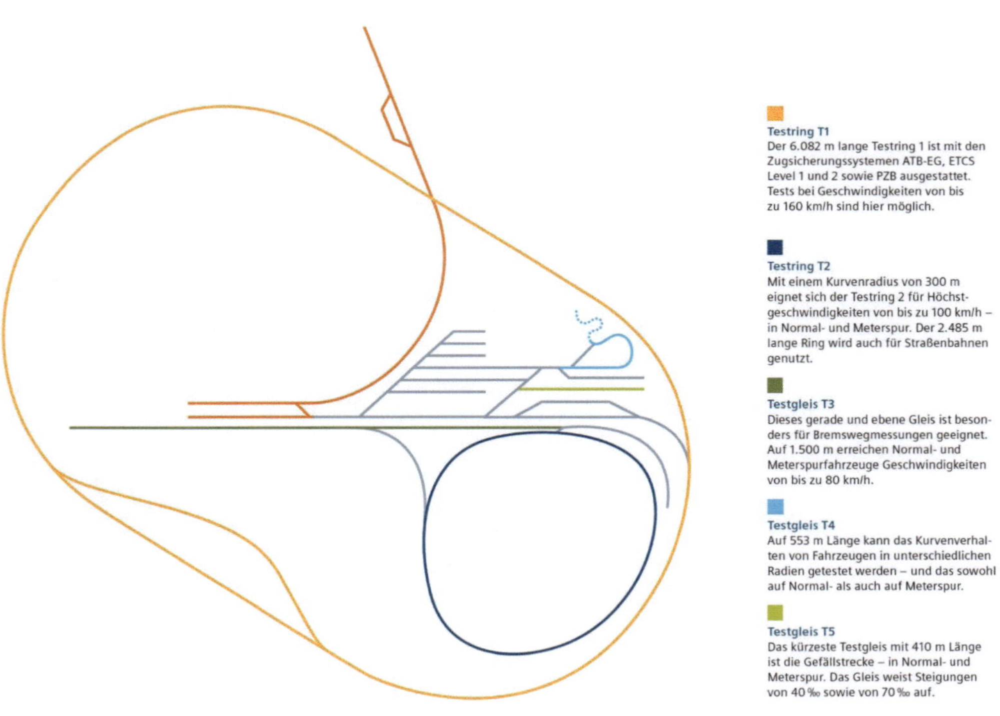

Stand: 05.09.2016

Kohlebahnen im Rheinland

Die Werksbahn im Rheinischen Braunkohlerevier

Im Rheinischen Braunkohlerevier unterhält die RWE Power AG ein ausgedehntes Werksbahnnetz, das die Tagebaue mit den Kraftwerken in Niederaußem, Frimmersdorf und Neurath, mit den Veredlungsbetrieben Frechen und Fortuna-Nord (Niederaußem) sowie mit dem Technikzentrum Tagebaue in Frechen-Habbelrath verbindet.

Ein Kohlezug mit einer Lok der Baureihe EL2000 bei Garzweiler am 30. Juli 2016.

Die RWE Power AG (ehemals Rheinbraun) unterhält im Rheinischen Braunkohlerevier ein über 300 Kilometer langes Werksbahnnetz. Schon im 18. Jahrhundert begann im Rheinischen Revier die gewerbliche Gewinnung von Braunkohle; heute fördert RWE Power pro Jahr knapp 100 Millionen Tonnen des wertvollen Rohstoffs und beschäftigt rund 9000 Mitarbeiter. Rund 600 Mitarbeiter, davon 180 Lokführer und 135 in der Instandhaltung halten die Werksbahn am Laufen.

Rund die Hälfte der Braunkohle, die in Deutschland abgebaut und verstromt wird, stammt aus dem Rheinischen Revier: Es befindet sich im Gebiet zwischen den Städten Köln, Aachen und Mönchengladbach. Hier liegt die größte Lagerstätte von Braunkohle in Europa: Insgesamt lagern in dem Gebiet etwa 35 Milliarden Tonnen wirtschaftlich gewinnbarer Braunkohle; die derzeit genehmigten Abbauflächen reichen bis zum Jahr 2045. Gegenwärtig werden etwa 13 Prozent des deutschen Stroms mit rheinischer Braunkohle erzeugt.

Riesenbagger im Tagebau Garzweiler.

Im Abstellbahnhof des Tagebaus Garzweiler.

Die Nord-Süd-Bahn

Ende der 1940er-Jahre war abzusehen, dass die Kohlevorräte im Südrevier, also im Brühler und Frechener Raum, langsam zur Neige gingen. Bei Frimmersdorf/ Garzweiler gab es aber weitere große Braunkohlevorräte. Eine Verlagerung der Knapsacker Kraftwerke und Brikettfabriken war allerdings volkswirtschaftlich nicht möglich. Daher musste ein Weg gefunden werden, die Braunkohle und den Abraum vom Norden in den Süden zu transportieren. Eine Großbandanlage schied nach einer technischen Prüfung aus. Und auch die Benutzung der Bundesbahnstrecken kam nicht infrage. So entschied man sich für eine eigene Werksbahn.

Hier werden die Kohlewaggons beladen.

Die Lok 552 im Grubenbahnhof Garzweiler, sie gehört zur Baureihe Kraus-Maffei EL1.

In den 1950er-Jahren wurde daher von der »Roddergrube«, einer der Vorgängerfirmen der späteren Rheinbraun, die normalspurige, zweigleisige Nord-Süd-Bahn erbaut. Die Arbeiten an der Strecke begannen 1952 und dauerten bis 1954. Die rund 32 Kilometer lange Strecke verläuft in Süd-Nord-Richtung vom Kraftwerk Goldenberg in Hürth-Knapsack an den Kohleveredlungsbetrieben Ville/Berrenrath, Frechen und Fortuna-Nord, an den Kraftwerken Niederaußem, Neurath und Frimmersdorf sowie verschiedenen stillgelegten Braunkohlegruben vorbei bis zum Verladepunkt am Tagebau Garzweiler.

Im Bereich des Kraftwerks Niederaußem zwischen den Bergheimer Stadtteilen Niederaußem und Auenheim trifft die Nord-Süd-Bahn in einem Gleisdreieck an der Glessener Höhe auf die Hambachbahn, die zum Tagebau Hambach führt. Im Bereich Niederaußem besteht über den Übergabebahnhof Niederaußem an der ehemaligen Eisenbahnstrecke Rommerskirchen–Bergheim auch ein Anschluss ans Netz der Deutschen Bahn. Die Spurbreite der Werksbahn beträgt 1435 Millimeter (Normalspur) mit UIC-60-Schienen für höhere Achslasten im Schwerlastverkehr sowie einem größerem Lichtraumprofil von 6,5 Metern, so dass DB-Dieselzüge bei RWE fahren könnten, die RWE-Züge aber nicht auf öffentlichen Gleisen.

Die zweigleisige Nord-Süd-Bahn wurde von Anfang an elektrisch betrieben, jedoch als Besonderheit abweichend zum üblichen Bahnstrom mit Einphasenwechselstrom 6 Kilo-Volt/50 Hertz. Der Betrieb erfolgt wegen dieser Besonderheit mit eigenen Triebfahrzeugen. Aufgrund der großen Transportmengen müssen die Lokomotiven eine hohe Zugkraft aufweisen, daher handelt es sich bei den Elektrolokomotiven ausnahmslos um Spezialentwicklungen. Zwischen 1954 und 1965 lieferten Krupp, Henschel und Kraus-Maffei 105 E-Loks der Baureihe EL1, von denen heute noch 21 Stück eingesetzt werden. Die bewährten »Zugpferde« mit 2620 Kilowatt Leistung werden aber laufend zur Hauptuntersuchung modernisiert.

Die Lokomotiven der neuen Baureihe EL2000 wurden von Adtranz gebaut, Rheinbraun nahm 1999 alle zehn E-Loks in Betrieb: Drehstromfahrmotoren mit einer Gesamtleistung von 2800 Kilowatt (3800 PS) beschleunigen die 140 Tonnen schweren vierachsigen Loks mit 14 Kohlewagen bei einer Zuladung von 88,5 Tonnen und einem Eigengewicht von 31,5 Tonnen auf eine maximale Geschwindigkeit von 60 Stundenkilometern. In die Entwicklung der Lok flossen Erfahrungen aus Fahrzeugen der Deutschen Bahn AG ein, etwa des ICE2 sowie der Baureihen 101 und 145. Die EL2000 weisen die charakteristischen, seitlich überstehenden Führerhäuser auf, von denen aus der Lokführer auch bei geschobenem Zug die Strecke überblicken kann. Die Lokomotiven fahren mit der Baureihe EL1 im Mischbetrieb auf dem gesamten Werksbahnnetz. Neben Braunkohle befördern die Züge in speziellen Waggons auch Abraum, Ton und Löß zu den verschiedenen Kippstellen.

Die Hambachbahn

Die 1983 in Betrieb genommene zweigleisige *Hambachbahn* wird ebenfalls elektrisch betrieben. Die Streckenlänge beträgt etwa 21 Kilometer: Die Eisenbahnlinie beginnt in Bergheim-Auenheim. Vom Zentralstellwerk Auenheim verläuft die Strecke neben der Bundesstraße B477 zwischen Niederaußem und der Anschlussstelle Bergheim/Elsdorf. Im weiteren Verlauf unterquert die Strecke die B477 und führt einige Kilometer neben der Autobahn A4 entlang. Im Bereich des Kohlenbunkers des Tagebaus Hambach befindet sich eine Gleisschleife.

Im Zuge der Erweiterung des Tagebaus Hambach wurde der Streckenverlauf auf 15 Kilometer Länge von 2010 bis 2013 zusammen mit der Autobahn A4 um etwa drei Kilometer nach Süden und dann parallel zur Strecke Köln–Aachen der Deutschen Bahn verlegt. Die neue Gleisstrecke verläuft aus Landschafts- und Schallschutzgründen in einem 8 bis 15 Meter tiefen Gelände-Einschnitt. 17 Brücken kreuzen die neue Bahnstrecke. In allen Bauphasen musste die Kohleversorgung der Kraftwerke per Bahn gewährleistet sein. Um die Kohletransporte aufrecht zu erhalten, konnte die Verlegung daher nur gleisweise unter laufendem Betrieb erfolgen.

Gleisnetz der RWE Power AG im Rheinischen Braunkohlerevier

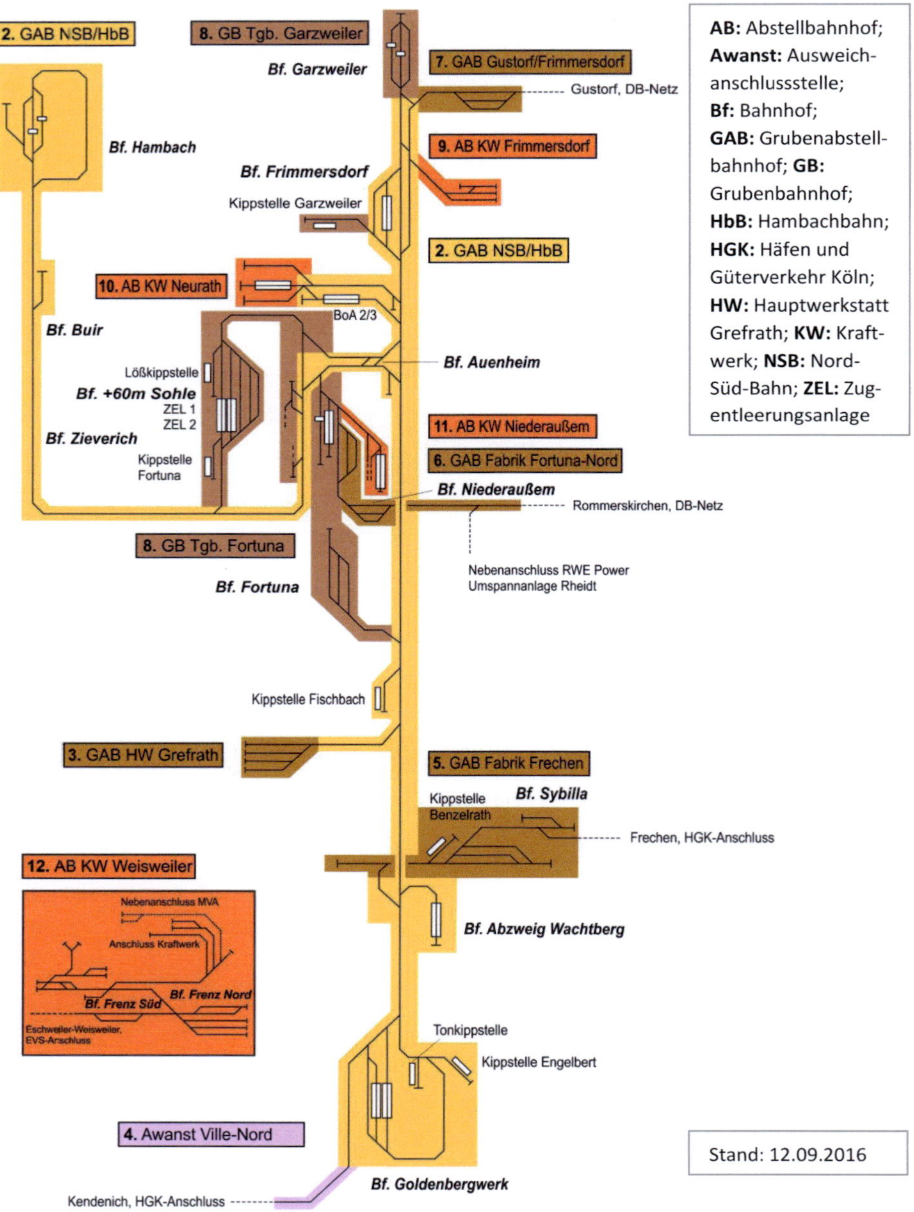

Die Hümmlinger Kreisbahn

Mit dem Schienenbus durch Moor und Heide

Der Hümmling ist eine bis zu 73 Meter hohe Grundmoränenlandschaft im Emsland. Die Museumseisenbahn befährt mit historischen Schienenbussen die Eisenbahnstrecke der ehemaligen »Hümmlinger Kreisbahn« von Lathen über Sögel nach Werlte. Für viele Eisenbahnfans ist diese Strecke eine der schönsten Bahnstrecken Norddeutschlands.

Der rote Talbot fährt seit rund 60 Jahren durch den Hümmling.

Der rote Triebwagen vom Typ Talbot VT1 erwartete uns bereits am Rande des Bahnhofs Lathen. Die Deutsche Gesellschaft für Eisenbahngeschichte (DGEG) hatte im Juli 2016 eine Tagestour ins Emsland organisiert. Über eine stählerne Trittleiter, die auch unterwegs zum Einsatz kam und uns den Einstieg erleichterte, bestiegen wir den Zug. Erst seit Ende 2015 können auf dem Abschnitt zwischen Lathen und Sögel wieder Züge rollen. 2011 war die Strecke wegen erheblicher Schäden gesperrt worden. Bei der Sanierung des 16 Kilometer langen Teilabschnitts wurden die alten Holzschwellen durch Betonschwellen ersetzt. Bis 2017 soll auch das restliche Stück bis Werlte erneuert sein.

Die Eisenbahnstrecke wurde 1898 als Kleinbahn mit einer Spurweite von 750 Millimetern von Lathen nach Werlte eingeweiht, die Personen und Güter beförderte. Geplant aber nie verwirklicht wurde auch eine Verlängerung der Strecke über Werlte hinaus bis zur oldenburgischen Grenze, von wo aus es eine Bahnstrecke nach Cloppenburg gab. 1955 bis 1957 wurde die Strecke auf Normalspur umgespurt. Grund dafür war das Erdölvorkommen bei Ostenwalde. 1995 endete der Öltransport. Auch der übrige Güterverkehr, hauptsächlich landwirtschaftliche Produkte wie Dünger, war nur noch gering. Ab 2004 wurde der Güterverkehr allerdings durch die Abfuhr von Holz deutlich vergrößert.

Der Talbot-Schienenbus, Baujahr 1957, fährt von Beginn an auf dieser Route, auch nachdem der regelmäßige Personenverkehr 1970 eingestellt wurde. Die Hümmlinger Kreisbahn, aber auch die Emsländische Eisenbahn GmbH als Nachfolgeunternehmen, haben den Talbot weiter in Diensten behalten. Für Sonderfahrten muss der Verein Museumseisenbahn das Fahrzeug von der Emsländischen Eisenbahn anmieten. Als eigenes Fahrzeug besitzt die Museumseisenbahn einen Uerdinger Triebwagen VT2 aus dem Jahre 1955. Der Schienenbus fuhr nach seiner Ausmusterung bei der Deutschen Bundesbahn 1992 noch bis zum Jahr 2000 auf der Dürener Kreisbahn. Anfang 2001 erwarb ihn die Museumseisenbahn und überführte ihn nach Werlte. Hier soll er als VT2 an die Zeit erinnern, als die ehemalige Hümmlinger Kreisbahn ein ähnliches Fahrzeug im Einsatz hatte. Nach jahrelanger Aufarbeitung bestand er 2009 die Hauptuntersuchung und ist mit einem Packwagen Baujahr 1910 wieder im Einsatz. Nach Sperrung der Strecke zogen die Mitglieder des Vereins mit dem Uerdinger Triebwagen VT2 nach Wilhelmshaven um. Dort bieten sie von Mai bis September einmal im Monat sowie zu Sonderterminen als »Hooksiel Express« Fahrten von Wilhelmshaven nach Bohnenburg südlich von Hooksiel sowie auf der Strecke der früheren Vorortbahn nach Sande an.

Eine Investitionsruine und ein Schießplatz

Aus dem Emstal steigt die renovierte Trasse leicht an, führt durch Heide- und Moorflächen sowie Wiesen und Wälder. Mehrere Kilometer Gleise liegen in fast unberührter Natur. Bei Streckenkilometer 2,0 unterquerten wir zweimal die Südschleife der Transrapid-Versuchsanlage Emsland. Der folgenschwere Transrapid-Unfall am 22. September 2006, bei dem 23 Menschen starben und 10 schwer verletzt wurden, bedeutete das Aus der Magnetbahntechnologie in Deutschland.

Hier passiert der Talbot die Transrapid-Trasse.

Die Betriebsgenehmigung für die Versuchsanlage ist Ende 2011 erloschen; und die Teststrecke wurde stillgelegt. Ein für das Frühjahr 2012 angesetzter Abriss wurde allerdings aufgrund einer möglichen Nachnutzung durch ein Zentrum für Elektromobilität aufgeschoben. Die Kosten für den Rückbau trägt der Bund. Eine erste, grobe Schätzung geht von 40 Millionen Euro aus. Aktuell gibt es auf dem ehemaligen Testgelände Versuche zum induktiven Laden von Bussen während der Fahrt.

Mehrere Kilometer Gleis liegen in fast unberührter Natur, denn der Schienenbus fährt kurz nach Passieren der Transrapid-Trasse quer durch ein militärisches Sperrgebiet, den Schießplatz Meppen. Das ist unbenommen der schönste Streckenabschnitt: Es geht an Kiefernwäldern, Heideflächen und Maisfeldern vorbei; lediglich die Schilder mit dem Hinweis »Militärischer Sicherheitsbereich« deuten auf die militärische Nutzung hin. Der Schießplatz Meppen ist der größte mit Messinstrumenten ausgestattete Schießplatz Europas und wird seit 1957 von der Bundeswehr genutzt. Hier werden Geschütze und Geschosse erprobt, als maximale Schussweite sind 28 Kilometer angegeben. Die Züge dürfen nur in den Schießpausen verkehren. 1877 hatte die Firma Krupp den Grundstein für die Schießanlage gelegt: Das damals dünn besiedelte Emsland war für die Einrichtung eines Schießplatzes ideal, das Gelände lag an der Bahnlinie vom Ruhrgebiet nach Emden.

Die einzige größere Ortschaft zwischen Lathen und Werlte ist Sögel. Im Bahnhof von Sögel endete unsere Fahrt. Ab Waldhöfe verläuft die Bahnstrecke parallel zur Landesstraße L53 nach Werlte. Die parallele Führung der Bahn neben der Straße ist typisch für Niedersachsen.

@ www.museumsbahn-huemmlingerkreisbahn.de

Die Heidelberger Bergbahnen

Die längste Bergbahn Deutschlands

Seit 1890 bringen die Heidelberger Bergbahnen Touristen bequem auf den Berg hinauf. Jährlich nutzen mehr als eine Million Fahrgäste die traditionsreichen Bergbahnen und genießen während der Fahrt und an den einzelnen Stationen den wunderschönen Blick auf Heidelberg und das Neckartal. Vom Königstuhl aus reicht der Blick sogar weit über die Rheinebene bis hin zur Pfälzer Weinstraße.

Die Königstuhlbahn wurde originalgetreu renoviert.

Mit einer Gesamtstrecke von 1,5 Kilometern ist die Heidelberger Bergbahnstrecke heute die längste in Deutschland. An der steilsten Stelle überwindet die Bahn eine Steigung von 43 Prozent. Die untere Bahn, die sogenannte *Molkenkurbahn*, heute eine der modernsten Bergbahnen

Deutschlands, startet am Kornmarkt in der Altstadt und fährt über die Station Schloss bis zur Molkenkur. Von dort aus geht es mit einer der ältesten elektrisch betriebenen Bergbahnen weiter zum Königstuhl, dem höchsten Punkt der Stadt. Die erste Heidelberger Bergbahn brach im Jahr 1890 als kombinierte Drahtseil- und Zahnradbahn zu ihrer Jungfernfahrt in Richtung Molkenkur auf. Im Jahr 1907 wurde die Strecke bis zum Königstuhl erweitert.

Über die Jahre hinweg sind die Bergbahnen immer wieder modernisiert worden. Seit dem letzten Umbau zwischen den Jahren 2002 und 2005 gilt die untere Bergbahn sogar als eine der modernsten Standseilbahnen in Deutschland. Auch die obere, historische Bahn – die »Königstuhlbahn« – wurde komplett saniert. Doch hier fahren immer noch die über einhundertjährigen Wagen aus den Anfangszeiten. Daher zählt die obere Bahn zu den ältesten deutschen Standseilbahnen.

Wasserballast und Elektrizität

Bis ins Jahr 1907 fuhr die untere Bergbahn noch mit Wasserballast von der Station Molkenkur abwärts ins Tal. An der Molkenkurstation befand sich eine Seilscheibe, um die ein Drahtseil lief, an dessen Enden wiederum je ein Wagen angehängt war. In den Wagen war je ein Wasserkasten von acht Kubikmeter Rauminhalt eingebaut. Beim Betrieb wurde der Kasten des oberen Wagens mit Wasser gefüllt, so dass er infolge seines Übergewichtes den am hinteren Ende hängenden Wagen hochzog. Das hierzu benötigte Wasser wurde durch eine mit einer Dampfmaschine angetriebene Pumpanlage zur Bergstation gepumpt. Die Fahrgeschwindigkeit regulierte der Wagenführer durch eine Bremsanlage, die in die Zahnstange eingriff. Die beiden treppenförmig aufgebauten Wagen boten jeweils Platz für 50 Personen und fuhren mit einer Geschwindigkeit von etwa zwei Metern pro Sekunde, also gut 7 Kilometern pro Stunde.

Siebzehn Jahre nach der Eröffnung des unteren Abschnitts wurde der obere Streckenabschnitt von der Molkenkur zum Königstuhl eröffnet. Wie der untere Abschnitt war er eingleisig mit einer Ausweiche angelegt. Die Strecke zwischen Molkenkur und Königstuhl war nun im Ganzen 1020 Meter lang und wies an der steilsten Stelle kurz vor der Station Königstuhl eine Steigung von 41 Prozent auf. Die Geschwindigkeit der beiden oberen Wagen, die Platz für jeweils 50 Personen boten, betrug etwa zwei Meter pro Sekunde. Die obere Bahn – eine reine Standseilbahn ohne Zahnradbetrieb – wurde von Anfang an elektrisch betrieben. Auch die untere Bahn wurde jetzt umgestellt: Nicht mehr Wasser, sondern Elektrizität war nun die Triebkraft.

Gleich hinter der Talstation geht es durch einen engen Tunnel.

Blick von der Station Heidelberger Schloss bergauf.

Modern und liebevoll restauriert

Von 2002 bis 2005 wurden die Bahnen grundlegend modernisiert. Am 1. Mai 2003 stellte die Königstuhlbahn ihren Betrieb ein, die Molkenkurbahn fuhr noch bis zum 31. Oktober 2003. Die Stationen Kornmarkt und Schloss wurden teilweise abgerissen und neu aufgebaut. Die denkmalgeschützten Stationen Molkenkur und Königstuhl blieben allerdings erhalten und wurden renoviert.

Die beiden Wagen der unteren Bergbahnstrecke wurden durch moderne Fahrzeuge ersetzt, während die mittlerweile fast einhundert Jahre alten Wagen der oberen Bahnstrecke von einer schweizerischen Spezialfirma grundlegend überholt und sicherheitstechnisch auf den neuesten Stand gebracht wurden.

Am 23. November 2004 wurden die neuen Wagen der Molkenkurbahn angeliefert, die auch heute in Betrieb sind. Die Fahrzeuge sind in fünf Fahrgastabteile und einen Führerstand aufgeteilt. Eine Panoramaverglasung im Dachbereich ermöglicht eine ungehinderte Sicht auf die Strecke und die Stadt.

Die renovierten Wagen der Königstuhlbahn wurden am 13. und 16. Dezember 2004 angeliefert. Äußerlich sind die Wagen in ihren Originalzustand aus dem Jahr 1907 zurückversetzt worden. Fahrzeuguntergestelle und alle Sicherheitsteile wurden untersucht, die Fahrzeugaufbauten im historischen Stil renoviert. Im Inneren war aber vieles neu: Tragstrukturen wurden überprüft, neue Bremsvorrichtungen eingebaut, Böden saniert und beschädigte Holzbalken ersetzt. Die Elektronik wurde erneuert, die Türverriegelungen wurden entsprechend den gesetzlichen Vorschriften umgebaut.

Die Umsteigestation Molkenkur verbindet die untere mit der oberen Bergbahn. Statt von einer Bahn in die nächste zu wechseln, können Sie hier auch einfach aussteigen, um bei einem Spaziergang den wundervollen Ausblick auf das Schloss und die Altstadt zu genießen. Entlang der Molkenkur verlaufen zahlreiche Wanderwege, von denen einige auch zum Schloss führen, beispielsweise der nach dem Maler Ernst Fries benannte Friesenweg.

Auf der Königstuhlbahn geht es noch richtig urig zu. Während die neue Molkenkurbahn vollautomatisch führerlos betrieben wird, schließt hier noch der Fahrzeugführer – in unserem Fall eine Fahrzeugführerin – von Hand selbst die Türen und entriegelt diese auch wieder bei der Ankunft.

Der 567,8 Meter hohe Königstuhl ist der höchste Berg des Kleinen Odenwalds. Hier, an der obersten Bergbahn-Station, erwartet Sie eine herrliche Aussicht über das Neckartal, die Rheinebene und – bei guter Sicht – sogar bis ins Elsass. Direkt an der Bergbahn-Station besteht die Möglichkeit, einen Blick in den Maschinenraum der historischen Bergbahn zu werfen und einen Ausstellungsraum mit spannenden Zeugnissen der Geschichte der Heidelberger Straßen- und Bergbahnen (HSB) zu besichtigen. Die kleine Ausstellung befasst sich mit der Geschichte des Heidelberger Nahverkehrs und besonders der Heidelberger Bergbahnen. Das Museum ist frei zugänglich. Für eine kleine Stärkung zwischendurch sorgt bei gutem Wetter ein Kiosk an der Station.

@ www.bergbahn-heidelberg.de

Die Sauschwänzlebahn

Das Gleiskarussell im Ländle

Eigentlich heißt die »Sauschwänzlebahn« ja offiziell »Wutachtalbahn«, da sie teilweise durch das wildromantische Wutachtal verläuft. Ihren Kosenamen hat die Museumseisenbahn von einem ihrer Tunnel. Der »Große Stockhalde-Kreiskehrtunnel« bildet in seinem Verlauf eine Spirale. Der Zug fährt im Tunnel einmal im Kreis und überwindet dabei 15 Höhenmeter. Und weil dieser Streckenverlauf im Tunnel als Ganzes betrachtet an ein geringeltes Schweineschwänzchen erinnert, heißt die Bahnstrecke im Volksmund eben »Sauschwänzlebahn«.

Dampfzug auf der Talbrücke Fützen.

Die Wutachtalbahn verdankt ihren Bau sowie ihren Erhalt dem Militär. Sie wurde als strategische Bahn von Hintschingen nach Oberlauchringen geplant. Bei einem möglichen Krieg mit Frankreich wollte man Truppen möglichst schnell ins Elsass bringen, ohne die schweizerische Grenze überqueren zu müssen. Wir befuhren die Sauschwänzlebahn im Mai 2016 im Rahmen der Tagung der Deutschen Gesellschaft für Eisenbahngeschichte (DGEG) in Lörrach.

Die Strecke bietet immer wieder traumhafte Motive für Eisenbahnfotografen.

Strategischer Bahnbau erforderte viele Kunstbauten

Die Fahrt von Blumberg-Zollhaus nach Weizen führt – obwohl nur zehn Kilometer Luftlinie zwischen den Orten liegt – über Kehrschleifen, vier große Viadukte und durch sechs Tunnel, darunter der einzige deutsche Kreiskehrtunnel. Auf diese Weise werden 230 Höhenmeter überwunden. Diese Streckenführung ist einmalig in Deutschland. Für diese strategische Bahn sollte das Steigungsmaß nicht größer als 1:98 sein; das heißt, die Trasse durfte auf einer Länge von 980 Metern nicht mehr als 10 Meter oder 1 Prozent steigen. Einschließlich der ebenen Gleise an den Bahnhöfen ist die Streckenführung so auf 25 Kilometer verlängert worden. Das ist die typische Bauweise von Gebirgsbahnen. Es ist schon sehr eigentümlich, wenn man im Dunkel des Tunnels eine 360-Grad-Kurve fährt. In Weizen kann man der Lok beim Wassertanken zusehen. Auf der Rückfahrt hatten wir Gelegenheit, dem Zug im Bus zu folgen und an ausgewählten Standorten Fotos an der Strecke zu schießen. Die Strecke ist wunderschön im Südschwarzwald gelegen; und so ergeben sich traumhafte Motive für jeden Eisenbahnfotografen.

Bereits 1875/76 wurde die Strecke von Oberlauchringen durch das Wutachtal nach Stühlingen-Weizen gebaut. Der Weiterbau scheiterte an den schwierigen Geländeverhältnissen. Nach dem deutsch-französischen Krieg 1871 begann sich jedoch der Generalstab für die Bahn zu interessieren. Das Militär wollte möglichst schnell Truppenverbände von der Bundesfestung Ulm an die französische Grenze verlegen, die damals im Elsass verlief. Die Abtretung von Elsass-Lothringen 1871 war von den Franzosen nie akzeptiert worden. Da deutsche Truppentransporte über die Hochrheinstrecke durch die Schweiz nicht möglich waren, forderten die Militärs eine Umgehungsstrecke auf deutschem Gebiet. Beim Bau der Hochrheinstrecke von Basel über Schaffhausen nach Konstanz war nämlich eine Nutzung durch das Militär in einem Staatsvertrag zwischen Deutschland und der Schweiz ausdrücklich ausgeschlossen worden. Neben dem Kanton Schaffhausen musste auch der Kanton Basel-Stadt umfahren werden. Doch das war leichter gesagt als getan.

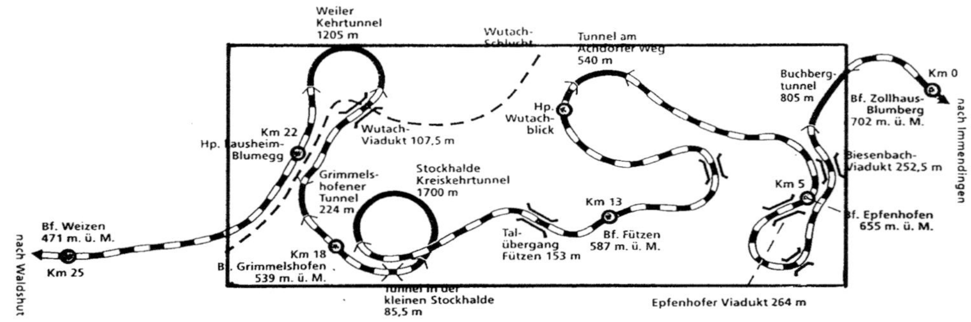

Der Plan im Eisenbahnmuseum im ehemaligen Güterschuppen des Bahnhofes Blumberg-Zollhaus zeigt den Streckenverlauf der Sauschwänzlebahn.

Die Militärs forderten für die strategische Bahn Oberlauchringen-Immendingen die Einrichtung von Bahnhöfen im Abstand von acht Kilometern, um die Überholung beziehungsweise Begegnung von Militärzügen zu ermöglichen. Wegen dieser Bedingung entstanden unter anderem die Bahnhöfe in Ofteringen, Weizen, Fützen und Grimmelshofen mit langen Ausweichgleisen, obwohl für den Lokalverkehr ein Haltepunkt völlig ausgereicht hätte. Für Militärzüge galt damals: 700 Meter Länge, bespannt mit drei Lokomotiven, beladen mit Mannschaften und den damals schwersten Krupp-Kanonen mit einem Gewicht von 140 Tonnen. Auf Drängen der Militärs konnte die Strecke trotz der schwierigen Geländeverhältnisse 1890 eröffnet werden.

Für ihre eigentliche Aufgabe, die Sicherung des Ober-Elsass nach Süden hin, hat die Bahn nie eine bedeutende Rolle gespielt. In Friedenszeiten war ihre Nutzung nur gering. In den Anfangsjahren verkehrten auf der Strecke drei Personenzugpaare und zusätzlich noch eines als kombinierter Güter- und Personenzug, das bis nach Waldshut an der Hochrheinbahn durchgebunden war. Zwischen den Bahnhöfen Lausheim-Blumegg und Blumberg-Zollhaus wurde der Zugverkehr am 22. Mai 1955 eingestellt und fortan mit Bahnbussen und Lastkraftwagen abgewickelt. Von 1962 bis 1965 wurde die Strecke auf Kosten der NATO durchgehend saniert, so wurden die Tunnel gegen das eindringende Wasser neu abgedichtet und die Signale an den Bahnhöfen erneuert. Trotz dieses Aufwandes in Millionenhöhe wurde die Strecke fahrplanmäßig nicht mehr befahren, obwohl das Bundesministerium der Verteidigung bis 1974 jährlich die Summe von 50.000 DM für den Unterhalt der Strecke zahlte.

Neubeginn als Museumsbahn

1976 endete der offizielle Linienbetrieb durch die *Deutsche Bundesbahn*. Eisenbahnfreunde erkannten den touristischen Wert der Strecke. Seit 1977 wird die Teilstrecke von Blumberg-Zollhaus nach Weizen als Museumsbahn betrieben und ist ein beliebtes Ausflugsziel. Die Stadt Blumberg erklärte sich 1988 bereit, die Bahnlinie für den symbolischen Preis von 1 DM zu erwerben.

Heute lockt die liebevoll gepflegte Museumsbahn jährlich über 100.000 Gäste von nah und fern an. Der Erfolg der Museumsbahn wurde dem 1998 gegründeten »Verein Wutachtalbahn e.V.« (WTB) allerdings zum Verhängnis: Die Gemeinde Zollhaus forderte noch mehr Fahrten, dies konnte der Verein jedoch nicht leisten. So übernahm die Gemeinde selbst den Bahnverkehr und gründete die Bahnbetriebe Blumberg GmbH & Co. KG. 2014 wurden die Mitglieder der WTB e. V. nach 37 Jahren ehrenamtlichen Aufbaus ziemlich unsanft »aus dem Verkehr gezogen«.

Der Verein änderte seinen Namen in »Dampflokfreunde Schwarzwald-Baar« (DSB e.V.) und führt unter anderem Sonderzugfahrten auf der *Dreiseenbahn* durch. Der Verein besitzt eine betriebsfähige Dampflok 50 2988, die 1942 bei der Wiener Lokomotivfabrik Floridsdorf als Güterzuglokomotive gebaut wurde.

Sehenswert sind auch das Eisenbahnmuseum mit einem Modell der Strecke und das historische Reiterstellwerk am Bahnhof Blumberg-Zollhaus. Das Stellwerk stammt ursprünglich aus Konstanz. Für Wanderer gibt es einen Bahnwanderweg.

@ www.sauschwaenzlebahn.de

Eisenbahnen im Elsass

Dampf am Oberrhein

Im Elsass gibt es zwei dampfbetriebene Touristikbahnen. Elsass-Lothringen gehörte von 1871 bis 1918 zum Deutschen Reich. Die Geschichte der Eisenbahnen im Elsass spiegelt daher auch die wechselvolle und kriegerische Vergangenheit zwischen Frankreich und Deutschland wider. Noch heute fahren die Eisenbahnen im Elsass im Gegensatz zum übrigen Frankreich auf mehrgleisigen Strecken auf der rechten Seite.

Eisenbahnromantik pur: Die Dollertalbahn. Im Hintergrund ist der Vogesenkamm zu sehen.

Nach dem Deutsch-Französischen Krieg 1870/71 musste Frankreich das Gebiet von Elsass-Lothringen an das Deutsche Reich abtreten. Das Elsass war von Kultur und Sprache gewiss deutsch – vom Nationalgefühl jedoch seit 200 Jahren französisch. Die Marseillaise war in Straßburg geschrieben und hier zum ersten Mal gesungen worden. Die Eisenbahnen der privaten »Compagnie des chemins de fer de l'Est« (Gesellschaft der französischen Ostbahnen) wurden von Frankreich förmlich aufgekauft und an das Deutsche Reich weiterverkauft. Der Kaufpreis von 260 Millionen Mark wurde auf die französischen Reparationszahlungen in Höhe von fünf Milliarden Goldfranken angerechnet. Die direkte

Verwaltung der elsass-lothringischen Eisenbahnen ging auf das Deutsche Reich über. Die Kaiserliche Generaldirektion der Reichseisenbahnen in Elsass-Lothringen hatte ihren Sitz in Straßburg und unterstand zunächst unmittelbar dem Reichskanzler. Im Jahre 1878 wurde sie jedoch dem in Berlin neu errichteten »Reichsamt für die Verwaltung der Eisenbahnen in Elsass-Lothringen« unterstellt. Nach dem Ersten Weltkrieg und der Abtretung Elsass-Lothringens an Frankreich aufgrund des Friedensvertrags von Versailles 1919 blieben die Strecken dort unter der Bezeichnung »Réseau ferroviaire d'Alsace-Lorraine« (AL) als staatliche französische Eisenbahnen selbstständig.

Die Dollertalbahn

Die Museumsbahn »Train Thur Doller Alsace« führt von Cernay nach Sentheim am Fuße der Vogesen. Die 13,7 Kilometer lange Linie wurde 1869 unter französischer Verwaltung gebaut. Nach der deutschen Annexion wurde die Linie in zwei Phasen verlängert, 1884 bis Masevaux (deutsch: Masmünster) und 1901 bis Sewen. Die Bahnlinie war dann insgesamt 27,5 Kilometer lang. Sewen war der Ausgangspunkt für Wandertouren zum 1247 Meter hohen Ballon d'Alsace (deutsch: Elsässer Belchen).

Im Ersten Weltkrieg verlief die Frontlinie entlang des Bahnhofs Burnhaupt. Mit Kriegseintritt am 4. August 1914 erhielt die französische Armee den Befehl, im Elsass einzumarschieren, um die wichtigsten Orte und Städte zurück zu erobern. Mulhouse (deutsch: Mülhausen) wurde am 8. August eingenommen, am nächsten Tag geräumt, am 17. wieder eingenommen, und am 25. August ganz aufgegeben. Die Vogesenfront zwischen den Bergmassiven Donon im Norden und dem Grand Ballon im Süden ist der einzige Abschnitt an der Westfront des Ersten Weltkriegs, in dem Gebirgskämpfe stattfanden. Im Zuge der harten Kämpfe wurden die Stationen Aspach und Burnhaupt sowie die Brücke über die Doller zerstört; Sentheim wurde ebenfalls bombardiert. Bis Kriegsende blieben die Täler Saint-Amarin und Masevaux in französischer Hand.

1967 endete der Personenverkehr auf der Strecke, und 1973 legte die SNCF die Linie endgültig still. Aber Eisenbahnfreunde retteten die Bahn vor dem Rückbau. Am 20. Juli 1976 fuhr der erste Dampfzug auf der neuen Museumsbahn. Die Fahrt mit dem Museumszug beginnt am Rande von Cernay in St. André. Der Verein arbeitet an der Wiedereröffnung des Abschnitts nach Cernay am »Tram Train« nach Thann. Die Genehmigung der Behörden liegt seit 2011 vor; es fehlen nur noch die Gleise.

Die Fahrt mit der Museumsbahn ist urig. Die hölzernen Wagen haben Holzbänke, alle sechs Meter erzeugen Stöße das typische Geräusch einer Bimmelbahn aus dem 19. Jahrhundert: »Ratata, tumm – ratata, tumm.« Unser quirliger Zugchef erinnert an Passepartout, den kleinwüchsigen Diener von Phileas Fogg aus Jules Vernes Roman »In 80 Tagen um die Welt« in der Verfilmung mit David Niven und dem mexikanischen Schauspieler Cantinflas (eigentlich: Fortino Mario Alfonso Moreno Reyes) als Passpartout. Vor den Bahnübergängen stoppt der Zug, und der Zugchef hält mit einer roten Fahne die Autos an; der Schaffner kurbelt währenddessen die Schranken per Hand herunter. Vor dem Bahnhof Burnhaupt Le Haut wird die Doller auf einer Eisenbrücke überquert. In Burnhaupt befindet sich das Depot des Vereins. Hier warten noch einige Fahrzeuge auf die Aufarbeitung. Neben drei Dampfloks bringt auch ein alter Schienenbus die Fahrgäste ans Ziel. Während die Lok Wasser fassen muss, kann man das Depot besichtigen. Die Bahnhöfe dienen wegen ihrer fast originalgetreuen Erhaltung auch oft als Filmkulissen.

In Sentheim endet die Fahrt, hier kann man das Bekohlen der Lok fotografieren. Im Bahnhof Sentheim verkauft der Verein Erfrischungen und Souvenirs. Man kann aber auch eine Wandertour unternehmen oder aufs Fahrrad umsteigen.

Der Ried-Express

Der *Chemin de Fer Touristique du Rhin* (deutsch: Touristische Rheineisenbahn) ist ein gemeinnütziger Verein, der 1982 gegründet wurde und die Museumseisenbahnlinie »Ried Express« betreibt, die auch unter dem Namen »Touristenbahn-Elsass« vermarktet wird. Seinen Sitz hat der Verein im Bahnhof Volgelsheim in Neuf-Brisach an der ehemaligen Bahnlinie von Colmar nach Freiburg. Er wurde 1880 im Wilhelmischen Baustil aus Vogesensandstein als Turmbahnhof erbaut. Die 1945 gesprengte Eisenbahnbrücke bei Breisach wurde nicht mehr aufgebaut.

Der Verein besitzt die beiden letzten elsässischen/preußischen Dampflokomotiven, die bei den Reichseisenbahnen in Elsass-Lothringen im Dienst standen. Diese sind vom Typ Elsass-Lothringische T3 (französische Bezeichnung 030TB). Von Volgelsheim befährt der Zug ein Anschlussgleis, das der Industrie- und Handelskammer Colmar gehört und am Rhein entlang bis Marckolsheim führt. Die Museumsbahn befährt allerdings nur das Teilstück bis zur Schiffsanlegestelle »Sans Soucis«. Dabei durchquert der Zug die namensgebende elsässische Ried-Landschaft westlich des Rheinstroms.

Der Ried-Express macht mächtig Dampf.

Nach kurzer Fahrt hält der Dampfzug am Depot. Der Verein besitzt sechs Dampflokomotiven, mehrere Diesellokomotiven, darunter eine schwere Baldwin-Kriegsdiesellok, sowie österreichische, schweizerische Wagen und über hundert Jahre alte Gepäckwagen. Eine Rarität ist eine Dampflok mit senkrecht stehendem Kessel. Die Vereinsmitglieder nennen sie liebevoll den »Schnapskessel«.

Am Endpunkt Sans Soucis bietet sich ein besonderes Schauspiel. Beim Umsetzen fährt die Dampflok in ein Stumpfgleis, während die Baldwin-Diesellok, die dem Zug vom Depot aus gefolgt ist, die Wagen zurückstößt. Nachdem die Diesellok nach getaner Arbeit wieder davonfährt, kann die Dampflok ankoppeln. Die Reisenden können nun die Rückfahrt mit dem Zug antreten oder aufs Schiff umsteigen. Im Zug wird auch ein Buffetwagen mitgeführt.

@ www.train-doller.org
@ www.touristenbahn-elsass.de

Die Rigi-Bahnen

Die erste Bergbahn Europas

Seit 1871 fährt die erste Bergbahn Europas von Vitznau auf die Rigi. Lokomotiven und Wagen aus den Anfangsjahren werden liebevoll und fachmännisch restauriert. Die Rigi-Bahnen besitzen heute einen der weltweit größten Nostalgie-Fahrzeugparks.

Die Lokomotive No. 7 der Vitznau-Rigi-Bahn ist weltweit eine der letzten (wenn nicht die letzte) betriebsfähige Dampflok mit Stehkessel; wegen der Konstruktion auch scherzhaft »fahrende Schnapsbrennerei« genannt.

Majestätisch erhebt sich der Gipfel der Rigi über dem Vierwaldstätter und Zuger See. Die Rigi ist einer der meistbesuchten Ausflugsberge der Schweiz und wird im Volksmund oft die Königin der Berge genannt. Die erste Worterklärung stammt vom Luzerner Stadtschreiber Renward Cysat (1545–1614). Er verweist auf »Reginam montium« und das auch bei den Landleuten gebräuchliche »Rigam«. Beide Bezeichnungen leitet er vom lateinischen oder italienischen »Riga« ab, was so viel heißt wie Linie, Strich, Falte oder Band im Fels. Die moderne Namensforschung bestätigt die zweite Deutung von Renward Cysat:

Ursprung des Namens Rigi sind die »Rigenen«, die deutlich sichtbaren Felsbänder auf der Nord- und Westseite der Kulm. Ebenso unbestritten ist bei den Fachleuten die Bezeichnung des Berges als die Rigi. Bereits im 18. Jahrhundert war die Rigi dank ihrer einzigartigen Lage am Vierwaldstättersee als Ausflugs- und Ferienparadies bekannt. Im Jahre 1816 erbaute der Zürcher Panorama-Zeichner Heinrich Keller das erste aus Holz errichtete Gästehaus auf der Kulm auf 1797,5 Metern Höhe, dem in den kommenden Jahrzehnten weitere folgten.

Als Pioniere der Bergbahnen haben die Rigi-Bahnen einen Ruf erlangt. Die Zahnradbahnen ab Goldau und Vitznau verkehren das ganze Jahr bis nach Rigi Kulm. Die Vitznau-Rigi-Bahn wurde von den Ingenieuren Niklaus Riggenbach, Ferdinand Adolf Naeff und Olivier Zschokke gebaut. Am 21. Mai 1871 war die festliche Einweihung der ersten Bergbahn Europas von Vitznau nach Rigi Staffelhöhe am 54. Geburtstag von Niklaus Riggenbach, dem Erfinder der gleichnamigen Zahnradschiene. »Ich will alles Volk auf die Berge führen, damit sie alle die Herrlichkeit unseres erhabenen Landes genießen können«, so rief Riggenbach, als er seine Erfindung, Züge mittels Zahnrad und Zahnstange über Steigungen zu führen, 1863 in Frankreich patentieren ließ. Niemand konnte damals vorausahnen, wie rasch sich dieses System in den folgenden Jahren verbreiten würde.

1874 fährt die Vitznau-Rigi-Bahn erstmals auch auf dem »Parade-Abschnitt« von der Staffelhöhe bis zur Gipfelstation. Am 4. Juni 1875 wird die Arth-Rigi-Bahn von Arth am See–Goldau zur Rigi Kulm (1752 Meter über Meereshöhe) eröffnet. Selbst der amerikanische Weltenbummler und Schriftsteller Mark Twain besucht 1879 die Rigi und schreibt sein humoriges Tagebuch »A trip to Mt. Rigi«. Auch Bayernkönig Ludwig II. besucht 1881 Rigi Kulm und schenkt dem Hotelier sein Teeservice. Es ist heute noch in einer Vitrine im Speisesaal ausgestellt. Die Bahnstrecke Goldau–Rigi Kulm wird am 1. Mai 1907 elektrifiziert. Die Arth-Rigi-Bahn ist somit die erste elektrische Normalspur-Zahnradbahn der Welt. Die Bahnstrecke Vitznau–Rigi Kulm wird erst am 3. Oktober 1937 elektrifiziert. Die größte Neigung der Vitznau-Bahn beträgt 250 Promille, die der Arth-Rigi-Bahn 200 Promille. Beide Bahnen bilden seit 1992 die Gesellschaft Rigi-Bahnen AG.

Zur Königin der Berge

Auch heute kann man noch in das Flair der »Belle Epoque« eintauchen. Zwei Dampfloks sind nach wie vor im Einsatz. In den wunderschönen historischen Wagen aus den Jahren 1871 bis 1911 lässt sich die Rundsicht an der frischen

Bergluft ungehindert genießen. Der knallgelbe Wagen Nr. 35 fährt seit 1899 auf die Rigi und bietet den abenteuerlichen Fahrkomfort der längst vergessenen »III. Classe«. Ein wahres Kleinod ist der »Bambuswagen«. Mit seinem fantasievollen Design entzückte er bereits die Urgroßeltern.

Ein Zug kurz vor der Endstation Rigi Kulm.

Wir nahmen im Mai 2016 den Elektrozug von Vitznau. Eine Seltenheit ist die Drehscheibe an der Talstation, die sich in einer Kurve befindet. Von der Talstation kletterte die Bahn stetig bergan. Der Zug war gut besetzt mit Ausflüglern, die den Fronleichnamstag zu einem Ausflug auf den Gipfel oder zu einer ausgedehnten Wanderung nutzten.

Nach 4,5 Kilometern erreicht man die Station Rigi Kaltbad-First in 1453 Meter Höhe. Man fühlt sich hier unweigerlich an den Roman »Zauberberg« von Thomas Mann erinnert. Schon meint man vor dem Hotel den Helden Hans Castorp auf einem Liegestuhl in eine Decke gehüllt zu erkennen. Und wie es der Zufall will, steigt eine elegante Russin ins Abteil, die gleichsam als Madame Chauchat dem Roman Thomas Manns entsprungen zu sein scheint. Viele ausländische Gäste besuchen den Vierwaldstätter See, den Rütli und die Rigi.

An der Station Rigi Staffel mündet die Arth-Rigi-Bahn in die Strecke ein. Gemeinsam streben nun die beiden Rigi-Bahnen auf getrennten Gleisen dem Gipfel entgegen. Um den Ansturm auf den Gipfel zu bewältigen, fahren drei Züge in enger Folge hintereinander. Auf 1752 Meter Höhe wird die Bergstation Rigi Kulm erreicht. Von hier bot sich uns ein atemberaubender Blick auf den Vierwaldstättersee und die Alpengipfel, die noch schneebedeckt waren. Auch auf der Kulm hatten sich noch letzte Schneereste gehalten. Die letzten Meter führen zu Fuß hinauf zur Sendeanlage. Von dort hat man einen weiten Blick auf den Zuger See. Außerdem kann man je nach Jahreszeit Wandern, Skifahren oder Gleitschirmfliegen.

@ www.rigi.ch

Schienenkreuzfahrt am Oberrhein

Sonderfahrt mit einem historischen Elektrotriebzug

Anlässlich der Jahrestagung 2016 der Deutschen Gesellschaft für Eisenbahngeschichte (DGEG) in Lörrach machten wir eine Sonderfahrt mit einem historischen Elektrotriebzug von Basel Badischer Bahnhof über die historische Hauenstein-Scheitellinie und über Nebenbahnen sowie Güterstrecken bis nach Koblenz ins Depot des »Vereins Depot und Schienenfahrzeuge Koblenz« (DSF). Zurück ging es über Laufenburg nach Basel.

Der historische Elektrotriebzug im Bahnhof Othmarsingen.

In der Schweiz lernen die Kinder, dass die erste Schweizer Eisenbahn 1847 gefahren sei: Die sogenannte Spanisch-Brötli-Bahn zwischen Zürich und Baden. Doch die erste Eisenbahn in der Schweiz fuhr bereits 1844, nämlich die »Chemin de fer de Strasbourg à Bale«. Diese linksrheinische Bahn erreichte von Mülhausen her 1840 Sankt Ludwig (heute St. Louis) nördlich von Basel. Sie wurde dann vier

Jahre später nach Basel verlängert. Wollte man die Schweiz nicht von ausländischen Eisenbahngesellschaften erschließen lassen, mussten schnellstens schweizerische Projekte verwirklicht werden.

Ein S-Bahn-Zug der SBB verlässt den Hauenstein-Scheiteltunnel.

Die Gebirgsbahn über den Hauenstein

Der Betrieb der schweizerischen Bahnen im Raum Basel begann erst zehn Jahre nach Eröffnung der Straßburger Bahn. 1854 wurde das erste Teilstück der Schweizerischen Centralbahn (SCB) zwischen Basel und Liestal eröffnet. Ziel der SCB war Olten. Von dort sollte die Strecke in Richtung Luzern–Gotthard verlängert werden. Um nach Olten zu gelangen, musste der Schweizer Jura überquert oder durchquert werden. Das Gebirge ist hier 1000 Meter hoch. Basel liegt auf 270 und Olten auf 400 Meter Höhe. Man entschied sich für den Hauenstein-Scheiteltunnel. Dieser liegt auf etwa 560 Meter Höhe und ist 2,5 Kilometer lang. Er wurde von 1853 bis 1858 gebaut. Zu dieser Zeit gab es erst eine Gebirgsbahn in Europa, nämlich die 1854 eröffnete österreichische Semmeringbahn. Die SCB entschied sich für eine maximale Steigung von 27 Promille – die Südrampe weist eine Steigung von 26,4 Promille auf, die Nordrampe eine von 22 Promille. Den Auftrag für den Bau des Scheiteltunnels erhielt die Firma von Thomas Brassey aus England. Brassey war international am Bau von 13.700 Bahnkilometern beteiligt. Um den Bau besonders schnell voran zu treiben, ließ er den Tunnel von beiden Seiten im Gegenortvortrieb bohren. Noch nie zuvor hatte man in der Schweiz ein ganzes Gebirge durchbohrt. Bis zu 1100 Arbeiter in zwei Zwölfstundenschichten waren im Einsatz. Beim Tunnelportal in Läufelingen befand sich das »englische Dorf«, in dem Brasseys Baustellenleiter mit ihren Familien in fünf Häusern wohnten. Für das leibliche Wohl war auch an einen Pub gedacht worden. Für die Tunnelarbeiter gab es Baracken.

Am Schachtgrund von Schacht 1 befand sich eine Werkstatt mit Schmiede. Diese setzte am 28. Mai 1857 die Schachtverschalung in Brand und führte zum Einsturz. 52 Arbeiter fanden dabei den Tod. Nach sieben Tagen fand man alle erstickt auf. Einige Arbeiter hatten versucht durch das Schlachten von Arbeitspferden zu überleben. Bei den Rettungsarbeiten starben elf Helfer durch austretende Kohlendioxidgase. Die Fertigstellung der Bahn bis Olten verzögerte sich durch dieses Unglück bis zum 1. Mai 1858.

Der Hauensteintunnel war dem zunehmenden Verkehr bald nicht mehr gewachsen. Deshalb entschlossen sich die 1902 gegründeten Schweizerischen Bundesbahnen, einen Basistunnel zu bauen. Dieser ist 8134 Meter lang. Der Tunnel wurde 1916 eröffnet. Der neue Basistunnel wertete die »alte Hauensteinlinie« ab. Deshalb wurde dort das zweite Gleis abgebaut. Heute wird die alte Strecke nur noch im Nahverkehr im Stundentakt mit Elektrotriebwagen zwischen Olten und Sissach bedient.

Der Verein Depot und Schienenfahrzeuge Koblenz

Die Geschichte vom »Verein Depot und Schienenfahrzeuge Koblenz« (DSF) begann im Jahre 1995 mit der Übernahme von zwei SBB-Draisinen, die vor der Verschrottung bewahrt wurden. Nach den ersten Fahrten an verschiedenen Bahnhofsfesten weckten die instandgesetzten Draisinen die Aufmerksamkeit von weiteren Eisenbahnern und Eisenbahnfreunden, und es bildete sich bald eine Gruppe von Draisinenfreunden. Der Güterschuppen in Leibstadt platzte bald aus allen Nähten. Der Verein zog mit allen Fahrzeugen nach Laufenburg um. Um Einnahmen für den Erhalt der Draisinen zu erzielen und den letzten Zeugen der 1997 stillgelegten Wohlen-Meisterschwanden-Bahn zu retten, wurde 2004 beschlossen, den Triebwagen BDe 4/4 2, der bei der Südostbahn nicht mehr gebraucht wurde, zu übernehmen und mit ihm fortan Extrafahrten zu unternehmen.

Um diesen Triebwagen und einen Teil der Sammlung geschützt unterbringen zu können, konnte 2006 das Lokdepot in Koblenz kurz vor dem endgültigen Abriss gerettet und übernommen werden. Dort gibt es ein gemütliches Vereinslokal, eine Werkstatt und eine Präsentationsmöglichkeit für die Draisinen und andere Fahrzeuge. Am 16. Januar 2006 wurde der »Verein Draisinen Sammlung Fricktal« aus der Taufe gehoben mit dem Zweck des Sammelns, Restaurierens und dem Erhalten von (Klein-)Schienenfahrzeugen wie Schienen-Velos, Handhebel-Draisinen, Motordraisinen, Schienentraktoren und sonstigem Rollmaterial sowie anderen kleinen Gebrauchsgegenständen aus dem Eisenbahnwesen.

Als 2006 die »Draisinen Sammlung Fricktal« gegründet wurde, rechnete wohl noch niemand damit, dass der Verein in ein paar Jahren mit einer ansehnlichen Sammlung an Großtraktions-Schienenfahrzeugen regelmäßige Charter- und Extrafahrten durchführen und das Depot in Koblenz zu einem beliebten Veranstaltungsort werden würde.

Mit der heutigen Situation und den verschiedenen Aktivitäten des Vereins zeigte sich, dass der Name nicht mehr zur kompletten Ausrichtung und auch nicht zum Standort des Vereins passte. Während sich in der Bahnszene das Kürzel »DSF« etabliert hat, führte der eigentliche Name vor allem bei Bahn-fremden Leuten zu Verwirrungen. Oft musste erklärt werden, was Draisinen sind, wieso man sich nun aber in einem Triebwagen und nicht in einer Draisine befand und dieser nicht ins Fricktal sondern nach Koblenz ins Lokdepot fuhr. Deshalb beschloss der Vereinsvorstand am 26. April 2013 den neuen Namen. Der Name soll alle Standbeine des Vereins beinhalten und auf dessen Beheimatung in Koblenz hinweisen.

Nach einer Mittagspause im Vereinslokal »Depotstübli« ging es über die Güterstrecke am Oberrhein und Laufenburg zurück nach Basel. Zwischen Koblenz und Laufenburg wird die Strecke nur noch von Güterzügen befahren. Dabei passierten wir wieder die beiden Rangierbahnhöfe Muttenz I und Muttenz II. Muttenz I entstand 1924 bis 1932. Im Zweiten Weltkrieg wurde der Rangierbahnhof von den Amerikanern aus der Luft bombardiert. Offiziell heißt es, dass sich die Bomber verflogen hätten und eigentlich deutsche Bahnanlagen treffen wollten. Doch der schweizerische Wirtschaftshistoriker Dr. Hans-Peter Bärtschi erklärte in seinem Vortrag auf der DGEG-Jahrestagung in Lörrach, dass die Schweiz wegen der Lieferungen an das Deutsche Reich auf einer »schwarzen Liste« der USA stand und der Rangierbahnhof deshalb ein Angriffsziel war. Der Rangierbahnhof Muttenz II wurde von 1962 bis 1973 nördlich des Rangierbahnhofs Muttenz I gebaut, da der Güterverkehr nach dem Zweiten Weltkrieg immer stärker zugenommen hatte.

@ www.dsf-koblenz.ch

Die Basler Straßenbahn

Fahrt mit dem historischen Tram

Das erste elektrische Tram verkehrte in Basel am 6. Mai 1895 zwischen dem Centralbahnplatz (Bahnhof SBB) und dem alten Badischen Bahnhof (heute Messeplatz). Mit den Überlandbahnen ist das Basler Straßenbahnnetz rund 83 Kilometer lang, es ist damit das größte Straßenbahnnetz der Schweiz.

Ce 2/2 Nr. 215 der letzten Zweiachser-Serie aus dem Jahre 1933 im Depot Wiesenplatz.

Wir befuhren im Mai 2016 im Rahmenprogramm der Tagung der Deutschen Gesellschaft für Eisenbahngeschichte (DGEG) mit zwei historischen Zweiachserzügen das Basler Stadtnetz und querten dabei mehrmals den Rhein. Die Basler nennen ihre Straßenbahn liebevoll »Drämmli«. In der Schweiz heißt es übrigens »das Tram« und nicht wie in München »die Tram«. Das Wort »Tram« geht zurück auf das englische Wort »tramway«. Es ist im französischen Sprachbereich unverändert als »le tramway« übernommen worden. Die ersten Straßenbahnen wurden noch als »elektrische Eisenbahn« bezeichnet.

Das erste Tram beförderte im ersten Betriebsjahr 1895 schon 1,9 Millionen Fahrgäste. Das Parlament beschloss den Bau von vier weiteren Linien, die alle 1897 eröffnet wurden.

Blick in die Fahrzeugsammlung im Depot Dreipsitz. Der Anhänger 281 ist ein offener Sommerwagen, 29 Exemplare dieser Serie wurden zwischen 1902 und 1912 in Betrieb genommen.

Gleichzeitig mit dem Bau der Strecke zur Landesgrenze bei St. Ludwig im Jahr 1900 entstand jenseits der Grenze die Fortsetzung bis zum Bahnübergang der Eisenbahnlinie nach Hüningen. St. Ludwig und Hüningen liegen im Elsass, das damals zum Deutschen Reich gehörte. Der Erste Weltkrieg verzögerte auf deutscher Seite die Bauarbeiten für die Verlängerung der 1914 eröffneten Linie zur Landesgrenze in Riehen. Erst 1919 erreichte die Straßenbahn den Bahnhof von Lörrach. Basel war neben Aachen die einzige Region, deren Straßenbahnwagen in drei Ländern verkehrten. Ende 1957 wurde die Strecke nach St. Louis (St. Ludwig) stillgelegt, 1961 die nach Huninge (Hüningen) und 1967 die Strecke nach Lörrach.

Mittlerweile gibt es unter dem Namen »Tramnetz 2020« Überlegungen für grenzüberschreitende Streckenverlängerungen. Die Verlängerung der Linie 8 nach Weil am Rhein ging zum Fahrplanwechsel am 14. Dezember 2014 in Betrieb. Sie ist nach 47 Jahren wieder die erste grenzüberschreitende Tramlinie der Basler

Verkehrs-Betriebe (BVB). Die Wendeschleife ist am Europaplatz in Weil. Im Bau ist die Verlängerung der Linie 11 nach St. Louis-Gare (Bahnhof). Mit der Fertigstellung wird im Jahr 2017 gerechnet. Am 17. September 1994 wurde die Linie 11 bereits bis St. Louis Grenze verlängert.

Das historische Tram

In der Region Basel sind noch etliche stilecht restaurierte Fahrzeuge vorhanden. Die Beschaffung neuer Straßenbahn-Fahrzeuge und die Ausmusterung fast aller alten Trams aus der ersten Hälfte des 20. Jahrhunderts durch die Basler Verkehrs-Betriebe (BVB) ließen in den 1960er-Jahren den Wunsch aufkommen, einige dieser historischen Fahrzeuge zu erhalten. Zu diesem Zweck gründeten Tram-Liebhaber im Jahre 1968 den Tramclub Basel (TCB).

Mit den BVB konnte vereinbart werden, dass einige der ausmusterungsreifen Fahrzeuge nicht verschrottet, sondern dem Tramclub überlassen wurden. Der Tramclub strebte an, die Trams nicht nur museal, sondern zum Teil auch betriebsbereit zu erhalten. Als erstes Fahrzeug konnte der Tw126 der BVB noch im Depot Arlesheim der Birseckbahn (BEB) mit viel Liebe, Zeit und Geld aufgearbeitet werden. Als in den 1970er-Jahren die letzten »alten« Trams aus der ersten Hälfte des 20. Jahrhunderts ausgemustert wurden, stellte sich die Platzfrage immer dringender. Als die BEB weiteres modernes Rollmaterial erhielt und das Depot Arlesheim selber brauchte, musste ein neuer Abstellplatz gefunden werden.

Am 10. Januar 1978 unterbreitete der Tramclub seine Vorstellungen bezüglich einer BVB-Fahrzeugsammlung; er verwies dabei auch auf entsprechende Erfolge des Tram-Museums in Zürich. Auf Anregung von Dr. Hans-Rudolf Schwabe kam es am 11. April 1978 zu einer Gründungsversammlung der »Genossenschaft Tram-Museum der Region Basel«. Die Museumsflotte ist heute im Depot Dreispitz untergebracht. Ein Zutritt für Privatpersonen ist nicht möglich. Die historischen Fahrzeuge sind nur bei Stadtrundfahrten und Extrafahrten oder an Betriebstagen und Publikumsfahrten für die Öffentlichkeit zugänglich. Der historische Bau aus dem Jahre 1916 dient auch der BVB zur Unterbringung einiger Fahrzeuge aus dem regulären Betrieb. Hier soll das Trammuseum Basel entstehen.

@ www.trammuseumbasel.ch

Dampf in den Niederlanden

Die Museumsbahn von Haaksbergen nach Boekelo

Das Museum Buurtspoorweg (MBS) betreibt unweit der deutschen Grenze bei Gronau/Westfalen eine Museumseisenbahn zwischen Haaksbergen und Boekelo in den Niederlanden. Der Verein wurde 1967 gegründet und besitzt mehrere Dampfloks, Dieselloks sowie einen Wismarer Schienenbus.

Dampflok No. 6 im Bahnhof Zoutindustrie.

In den Niederlanden herrscht eine Dampflokbegeisterung sondersgleichen. Am Himmelfahrtstag wird bei unseren Nachbarn der Nationale »Stoomtreindag«, also der nationale Dampfzugtag begangen. Hier, südlich von Enschede und Hengelo, benutzt die MBS Museum Buurtspoorweg zwischen Haaksbergen und Boekelo einen Teil der Trasse der frühereren »Geldersch-Overijsselsche Lokaal-spoorweg-Maatschappij«. Damals war dies eine wichtige Verbindung der Städte in der Region Twente mit Winterswijk.

Der Wismarer Schienenbus wurde liebevoll restauriert.

Wir bereisten die Museumseisenbahn im Juli 2016 mit dem Wismarer Schienenbus. Der Schienenbus stammt von der Delmenhorst-Harpstedter Eisenbahn und wurde dort 1936 in Betrieb genommen. Er war bis 1959 im täglichen Einsatz, dann diente er als Reserve. 1968 erwarb das Museum Buurtspoorweg den Triebwagen. Dort stand er als nicht fahrbereites Museumsstück, bis der Verein 2002 beschloss, den Triebwagen instand zu setzen. Nach zwölfjähriger Restaurationszeit ist er seit 2016 wieder in Betrieb. Wir waren somit die Ersten, die mit dem Schienenbus fahren konnten. Wegen der vorgesetzten Motoren an beiden Wagenenden wird er auch liebevoll »Schweineschnäuzchen« genannt.

Die Bahnlinie wurde 1884/85 von der »Geldersch-Overijsselsche Lokaalspoorweg-Maatschappij« als Lokalbahn zwischen den Bahnhöfen Enschede Noord und Haaksbergen errichtet. Initiator der Lokalbahn war Jan Willink, ein Textilfabrikant aus Winterswijk. Der Personenverkehr wurde auf der Strecke 1936/37 eingestellt, Busse übernahmen die Personenbeförderung. Im Güterverkehr blieb die Strecke zwischen Enschede und Haaksbergen noch bis 1973 in Betrieb, seit 1971 verkehren hier die Museumszüge. Seit 1974 beschränkt sich der Museumsverkehr auf den Streckenabschnitt von Boekelo bis Haaksbergen, da die Strecke nach Enschede durch den Bau der Autobahn A35 unterbrochen und in der Folge abgebaut wurde. Der Betriebsmittelpunkt der Museumsbahn wurde schrittweise von Enschede nach Haaksbergen verlegt. Hinter dem Bahnhof Boekelo liegen zwar noch einige hundert Meter Gleis, das ist aber nicht mehr betriebssicher.

Die Fahrt führte durch die wunderschöne Landschaft von Twente, vorbei an Bauernhöfen, Wiesen und Feldern. An der ersten Straßenkreuzung mussten die Schranken per Schlüssel auf Anforderung in Gang gesetzt werden. An anderen Bahnübergängen wurde der Verkehr mit einer roten Fahne angehalten oder der Zug kündete sich mit lautem Tuten an. In Boekoelo wurde der Schrankenwärter mit einem Pfiff aus seinem Häuschen hervorgelockt. Dann musste er die Schranken per Handkurbel herablassen. An der Schranke befindet sich noch ein funktionierendes Läutewerk. Die Lokführer, die Schaffner und die Schrankenwärter sind natürlich alle im traditionellen alten Stil gekleidet.

In Boekelo legten wir eine Pause ein und konnten die Fahrzeughalle besichtigen. Dort steht ein ganzer Zug, liebevoll restauriert, bestehend aus Abteilwagen mit Holzbänken. Andere Abteilwagen warten noch auf die Restaurierung, hier müssen unter anderem die Bänke neu gepolstert werden. Einen Eisenbahnwagen von 1897 entdeckte der Verein in einem Garten. Er war dort mit Fenstern zweckentfremdet zu einem Gartenhaus umgebaut worden. Außerdem stehen hier noch historische Güterwaggons.

Dampflokomotiven vom Feinsten

Auf der Rückfahrt mussten wir im Bahnhof Zoutindustrie (Salzindustrie) den Dampfzug passieren lassen. Dadurch hatten wir Gelegenheit die gelb lackierte Lokomotive Nummer 6 »Magda« zu fotografieren. Die Lokomotive wurde 1925 von der Metallfabrik Hoboken-Overpelt ausgeliefert. Das Museum besitzt noch sieben weitere Dampflokomotiven, darunter die älteste betriebsfähige Dampflok der Niederlande Nr. 657 »Kikker« von 1901 sowie eine belgische Cokerill-Dampflok aus dem Jahre 1926. Die Loks unterschiedlicher Bauarten von niederländischen, belgischen, schweizerischen und deutschen Herstellern sind vorbildlich restauriert in unterschiedlichen Farben – in Schwarz, Grün und Blau. In jedem Detail spürt man die Begeisterung, den großen persönlichen Einsatz der Vereinsmitglieder und die Liebe zum Detail.

Das Bahnhofgebäude in Haaksbergen stammt aus dem Jahr 1884 und steht unter Denkmalschutz. Darinnen befinden sich ein Museum zur Geschichte der Geldersch-Overijsselsche Lokalspoorweg-Maatschappij, ein Andenkenladen und ein Bahnhofsrestaurant. Bevor der Zug zur nächsten Fahrt startet, kann man dem Lokpersonal beim Wasserfassen und Bekohlen der Lok zusehen.

@ www.museumbuurtspoorweg.nl

Anhang

<u>Literatur und Quellenhinweise, Internetadressen</u>

Kapitel 1:
www.vulkanexpress.de
https://de.wikipedia.org/wiki/Brohltalbahn (abgerufen am 3.8.2016)

Kapitel 2:
www.swk.de/freizeit-schluff/fahren-mit-dem-schluff.html
https://de.wikipedia.org/wiki/Schluff_(Eisenbahn) (abgerufen am 3.8.2016)

Kapitel 3:
www.hespertalbahn.de
https://de.wikipedia.org/wiki/Hespertalbahn
http://www.route-industriekultur.ruhr/themenrouten/15-bahnen-im-revier/bahnhof-kupferdreh-und-museumsbahn-hespertalbahn.html

Kapitel 4:
http://www.ruhrtalbahn.de/de/
https://de.wikipedia.org/wiki/Ruhrtalbahn
http://www.ruhr-guide.de/freizeit/industriekultur/ruhrtalbahn-entdeckungsreise-im-ruhrgebiet/15913,0,0.html

Kapitel 5:
http://www.panoramaradweg-niederbergbahn.de/
https://de.wikipedia.org/wiki/Niederbergbahn
https://www.kreis-mettmann.de/Kultur-Tourismus-Freizeit/Aktivit%C3%A4ten/PanoramaRadweg-niederbergbahn

Kapitel 6:
https://de.wikipedia.org/wiki/Wuppertaler_Schwebebahn
https://de.wikipedia.org/wiki/Eugen_Langen
http://www.schwebebahn.de/geschichte-technik/geschichte/
http://www.schwebebahn.de/tourismus-angebote/kaiserwagen/

https://www.wuppertal.de/tourismus-freizeit/schwebebahn/index.php
https://de.wikipedia.org/wiki/Tuffi
neue-schwebebahn.de

Kapitel 7:
http://nordbahntrasse.de/
http://www.nordbahntrasse-aktiv.de/streckenplan/
https://www.wuppertal.de/tourismus-freizeit/gruenes_wuppertal/trassen/102370100000193103.php#chapter102370100000193103-1015_sp_main_iterate_1_0
http://www.lokalkompass.de/duesseldorf/politik/minister-duin-auf-sommerreise-d560963.html
https://de.wikipedia.org/wiki/Wuppertalbewegung
https://de.wikipedia.org/wiki/Bahnstrecke_D%C3%BCsseldorf-Derendorf%E2%80%93Dortmund_S%C3%BCd
https://de.wikipedia.org/wiki/DB-Baureihe_ETA_150

Kapitel 8:
www.brueckenpark-muengsten.de
https://de.wikipedia.org/wiki/M%C3%BCngstener_Br%C3%BCcke
https://de.wikipedia.org/wiki/Garabit-Viadukt
http://www.die-muengstener-bruecke.de/
https://www.ruhrgebiet-industriekultur.de/muengsten.html

Kapitel 9:
https://de.wikipedia.org/wiki/Hammer_Eisenbahnbr%C3%BCcke
http://www.baukunst-nrw.de/objekte/Hammer-Eisenbahnbruecke--1411.htm

Kapitel 10:
http://www.lokalkompass.de/duesseldorf/kultur/fotofreunde-duesseldorf-auf-der-db-backstagetour-im-abstellbahnhof-wersten-d322730.html
https://de.wikipedia.org/wiki/Bahnbetriebswerk_D%C3%BCsseldorf_Abstellbahnhof

Kapitel 11:
https://de.wikipedia.org/wiki/Haus-Knipp-Eisenbahnbr%C3%BCcke
https://de.wikipedia.org/wiki/Bahnstrecke_Geldern%E2%80%93Meerbeck
https://de.wikipedia.org/wiki/Eiserner_Rhein

http://www.rp-online.de/nrw/staedte/geldern/tote-trasse-auf-dem-platten-land-aid-1.4122119
https://www.kuladig.de/Objektansicht/O-CW-20110829-0006
https://de.wikipedia.org/wiki/Hamburg-Venloer_Bahn
http://www.route-industriekultur.ruhr/themenrouten/15-bahnen-im-revier/rheinbruecke-wesel.html
https://de.wikipedia.org/wiki/Trajekt_Ruhrort%E2%80%93Homberg
https://www.lwl.org/LWL/Kultur/fremde-impulse/die_impulse/Impuls-Rheinland-Preussen-Franzosen/Trajektanstalt-Duisburg-Homberg
https://de.wikipedia.org/wiki/Bahnstrecke_Krefeld%E2%80%93Rheydt
http://www.eisenbahn-in-moenchengladbach.de/geschichte/geschichte.html
https://de.wikipedia.org/wiki/Bahnstrecke_M%C3%B6nchengladbach%E2%80%93Stolberg
https://de.wikipedia.org/wiki/Bahnstrecke_Rheydt%E2%80%93K%C3%B6ln-Ehrenfeld

Schlieper, Hans: Eisenbahntrajekte über Rhein und Bodensee, Düsseldorf (Alba-Verlag) 2009.

Kapitel 12:

https://de.wikipedia.org/wiki/Pr%C3%BCfcenter_Wegberg-Wildenrath
http://www.lokalkompass.de/duesseldorf/kultur/premiere-im-bahntestzentrum-wildenrath-d538673.html
http://www.siemens.com/press//pool/de/events/industry/mobility/2010-06-vectron/Standort_Siemens_Mobility_Wegberg-Wildenrath_DE.pdf

Kapitel 13:

http://www.wisoveg.de/wisoveg/artikel/150jahre/ksta-weing15.html
http://www.bahnen-im-rheinland.de/wb/rbw20a.htm
http://www.merte.de/BE/archiv/50935-01.htm
https://de.wikipedia.org/wiki/Hambachbahn
http://www.rwe.com/web/cms/de/76904/rwe-power-ag/energietraeger/braunkohle/
http://www.rwe.com/web/cms/de/234470/verkehrsprojekte-hambach/verlegung-der-hambachbahn/
https://www.youtube.com/watch?v=dF6cE5Te8PE
https://de.wikipedia.org/wiki/Nord-S%C3%BCd-Bahn_(Garzweiler)

Feldmann, Thomas: Moderne Kohlebahn im Rheinland, in eisenbahn Modellbahn magazin 9/2016, S. 54-59.

Der Autor bedankt sich bei der Pressestelle der RWE Power AG für Informationen, Fotos und Gleisplan.

Kapitel 14:
www.museumsbahn-huemmlingerkreisbahn.de
https://de.wikipedia.org/wiki/Bahnstrecke_Lathen%E2%80%93Werlte
https://de.wikipedia.org/wiki/Transrapid-Versuchsanlage_Emsland
https://de.wikipedia.org/wiki/Transrapid
https://de.wikipedia.org/wiki/Wehrtechnische_Dienststelle_91

Kapitel 15:
www.bergbahn-heidelberg.de
https://de.wikipedia.org/wiki/Heidelberger_Bergbahn

Kapitel 16:
http://www.schwarzwald.com/sehenswertes/sauschwaenzlebahn.html
http://www.wutachtalbahn.de/
http://www.sauschwaenzlebahn.de
https://de.wikipedia.org/wiki/Wutachtalbahn

Kapitel 17:
https://de.wikipedia.org/wiki/Reichseisenbahnen_in_Elsa%C3%9F-Lothringen
http://www.zeno.org/Roell-1912/A/Elsa%C3%9F-Lothringische+Eisenbahnen
http://train-doller.org
http://de.france.fr/de/sehenswert/1-weltkrieg-die-vogesenfront
https://de.wikipedia.org/wiki/Chemin_de_Fer_Touristique_du_Rhin
http://cftr.evolutive.org

Kapitel 18:
http://www.rigi.ch/Unternehmen/Die-Rigi-Bahnen
http://www.rigi.ch/Reiseinformationen/Die-Rigi/Die-Namen-Geschichte
https://de.wikipedia.org/wiki/Vitznau-Rigi-Bahn
https://de.wikipedia.org/wiki/Arth-Rigi-Bahn

Kapitel 19:
www.dsf-koblenz.ch
https://de.wikipedia.org/wiki/Hauensteinstrecke

Vortrag von Dr. Hans-Peter Bärtschi auf der Tagung der Deutschen Gesellschaft für Eisenbahngeschichte (DGEG) in Lörrach am 06.05.2016.

Bärtschi, Hans-Peter. Industriekultur beider Basel, Zürich (Rotpunktverlag) 2014, S. 68, 175-183.

Kapitel 20:
https://de.wikipedia.org/wiki/Basler_Tramlinien
http://www.trammuseumbasel.ch
http://www.g-st.ch/trambasel/bvb_blt/htmlsite/depot_dreispitz.html
http://www.tramoldtimer-basel.ch

Kapitel 21:
https://de.wikipedia.org/wiki/Boekelo
www.museumbuurtspoorweg.nl

Die Internetadressen und Daten, die in diesem Buch angegeben sind, wurden vor Drucklegung geprüft (Stand: August 2016). Der Autor übernimmt keine Gewähr für die Aktualität und den Inhalt sowie der Adressen und Daten, die mit ihnen verlinkt sind. Eine Haftung des Autors ist ausgeschlossen.

Buchtipps (Auswahl)

An allgemeiner Literatur empfehle ich:

Bernet, Raph: Trams in der Schweiz, München (Geramond), 2. völlig überarbeitete Auflage 2012.

Eisenbahnatlas Deutschland, Freiburg (Verlag Schweers + Wall), 9. Auflage 2014.

Kursbuch der deutschen Museums-Eisenbahnen, ab 2015 EK-Verlag, Freiburg.

Museumsbahnen: 250 historische Eisenbahnstrecken in Deutschland, Österreich und der Schweiz, München (Verlag Bassermann), 2012.

Feldmann, Thomas: Erlebnis Eisenbahn: Die schönsten Ausflugstipps in NRW, Düsseldorf (Droste-Verlag) 2010.

Windelschmidt, Sönke/Klee, Wolfgang: Kleine Eisenbahngeschichte des Ruhrgebiets, Hövelhof (DGEG Medien GmbH) 2011.

Tipp für Eisenbahnfreunde

Die Deutsche Gesellschaft für Eisenbahngeschichte (DGEG) möchte Interesse für die Geschichte der Eisenbahnen wecken und Studien sowie wissenschaftliche Arbeiten auf diesem Gebiet fördern. Die Website informiert über die Aktivitäten und die lebendigen Zeugnisse der DGEG. Auf Studienreisen und Tagesausflügen lernen Sie neben interessanten Eisenbahnstrecken faszinierende alte und neue Fahrzeuge kennen. Zusammen mit anderen begeisterten Eisenbahnfreunden reisen Sie zu interessanten Zielen in Deutschland, Europa und der ganzen Welt. Oder werden Sie wie ich Mitglied.
@ www.dgeg.de

Im Internet finden Sie auch andere Anbieter von Eisenbahnreisen.

Bildnachweis und Grafiken

Umschlagfotos: *Rückseite:* oben links: Brohltalbahn; oben rechts: Buurtspoorweg, unten links: Hümmlinger Kreisbahn; unten rechts: Dollertalbahn; alle © Norbert Opfermann

Inhalt: Wolfgang Bügel (S. 21, 23, 29, 31 oben, 36, 41),
David Gubler (http://www.bahnbilder.ch), Creative Commons Licence,
https://commons.wikimedia.org/wiki/File%3AVRB_H_1-2_bei_Freibergen.jpg (S. 76),
Karina Hermsen (S. 7), RWE Power AG (S. 56, 57 Bild unten, 58, 60),
Siemens AG (S. 52, 55), Technische Universität Berlin Architekturmuseum:
URL: http://architekturmuseum.ub.tu-berlin.de/P/151489.php (S. 35),
Wuppertaler Stadtwerke WSW (S. 24, 27), alle anderen Fotos Norbert Opfermann
(S. 48 unten mit freundlicher Genehmigung des Museums der Deutschen
Binnenschifffahrt, Duisburg)

Der Autor bedankt sich bei der Pressestelle der RWE Power AG für Informationen, Fotos und Gleisplan.

Über den Autor

Norbert Opfermann, in Düsseldorf geboren, lebt und arbeitet als Journalist in der Landeshauptstadt, schreibt für verschiedene regionale Zeitungen und Verlage: oft Artikel, manchmal Bücher. Er hat Geschichte und Geographie an der Heinrich-Heine-Universität Düsseldorf studiert und das Studium als Magister Artium (M.A.) abgeschlossen. Sein erstes Eisenbahnbuch erschien 2014 unter dem Titel »*Spurensuche: Eisenbahnen gestern und heute*«.

Bisher erschienen zum Thema Eisenbahn:

17,8 x 25,4 cm
ISBN-13: 978-1493633494

Das Taschenbuch ist ausschließlich über www.amazon.de zu beziehen.
Das E-Book gibt es auch in anderen Buchshops.